春夏秋冬

山のぼり

Masunaga Michio

増永迪男

ナカニシヤ出版

扉＝能登郷の四月

大御影山へのブナの尾根（五月）

三月の冠山

権現山のブナ林（十二月）

扇谷・水かぶりの滝で（五月）

トリカブトの花（雲谷山　十月）

雲谷山・今古川支流の滝（七月）

岩籠山・くちなし谷（九月）

春夏秋冬　山のぼり／もくじ

＊本文に掲載した地図は、背景に国土地理院発行の次の二・五万図を使用した。

金沢——加賀市ノ瀬・願教寺山・北谷・龍谷・丸岡

岐阜——白鳥・下山・平家岳・中竜鉱山・能郷白山・宝慶寺・冠山・古木・広野・美濃川上・板取・敦賀・駄口

高山——烏帽子岳・槍ヶ岳・穂高岳・上高地・薬師岳・三俣蓮華岳

宮津——三方・熊川・遠敷・古屋

春夏秋冬　山のぼり

深山の気分が漂う大御影山

九五〇・一m

▼登山口　ＪＲ小浜線藤井駅から若狭町能登野
▼二・五万図＝三方・熊川

むかし、マッキンレーという喫茶店が福井にあったころ、店で、福井山岳会の創立者のひとりで無類の山すきだった秦健治さんから、「若狭でいちばん高い山を知っているかい」と、たずねられたことがあった。秦さんは山の話になるといつでもにこにこ顔になってしまう。知らないというと、用意していたらしい使いふるした地図を、さっとカウンターにひろげてみせた。

もちろんその地図は黒一色のころの五万図で、二枚の地図をつなぎあわせたものだった。ちょうど、そのつなぎめにあった秦さんの指のさきには、九五〇・一メートルの三角点が記されている。滋賀県との境の山なみのうえの、人里からかなり離れた山だった。地図に山の名はなかったが、よくまあ、地図のこんなすみっこにある山をみつけてくるもんだと思った。秦さんは、時間があればいつも地図をながめていたのだろう。

「大御影《おおみかげ》っていうんだよ」と教えてもらったが、つながっている二枚の地図をよくみると、このあたりの山と川はみな南北にならんでいて、西に延びている若狭の国という私のそれまでの知識は、いちどに打ち破られることになった。若狭の国の東の山は、こんなぐあいになっているのかと思った。

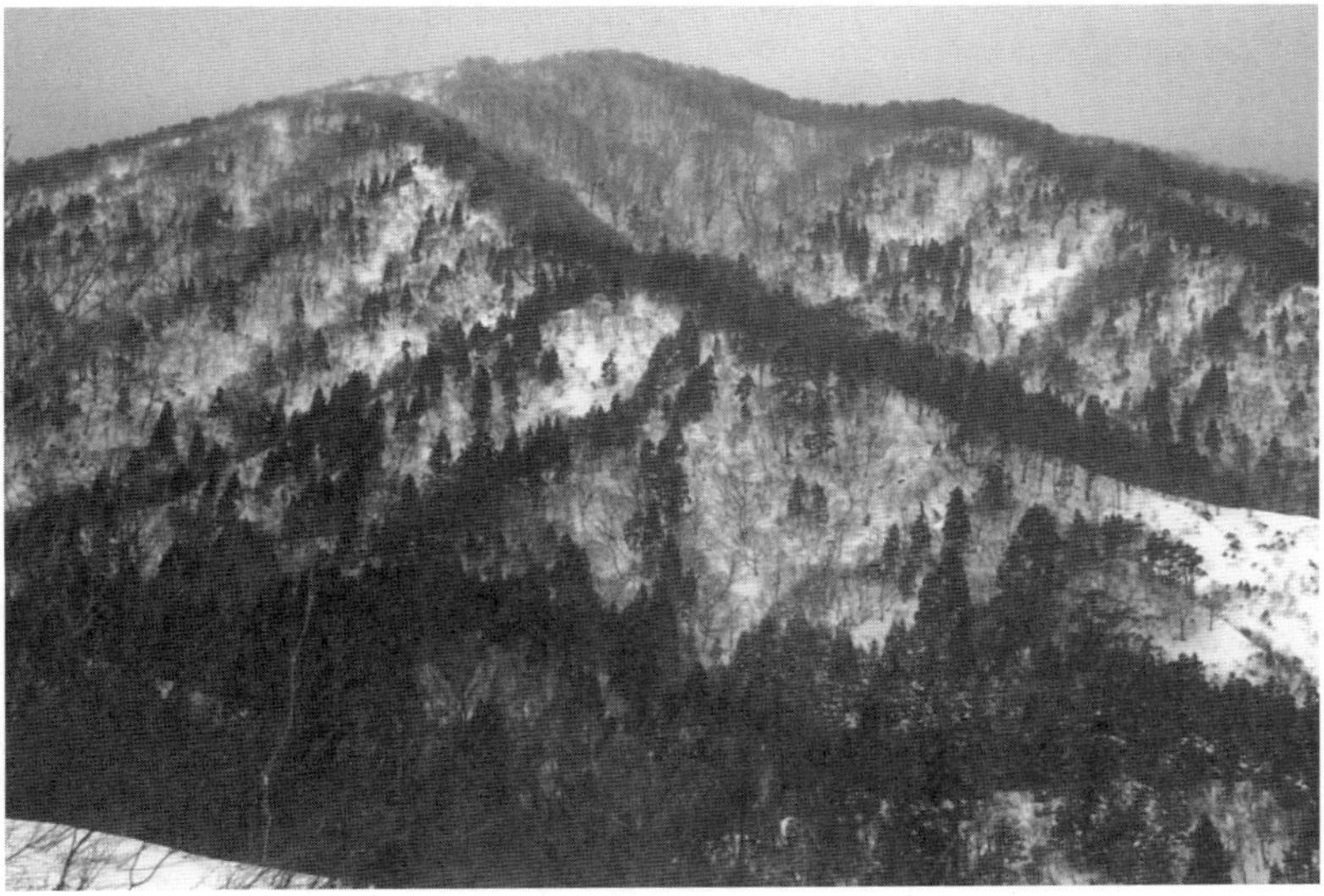

大御影山

3　深山の気分が漂う大御影山

そもそも秦さんの地図好きはたいへんなものだった。家にはもらった地図があるが、それは福井を中心にして、十六枚の五万図を和紙で裏打ちしてつなぎあわせたもので、ひろげると部屋いっぱいになってしまう。戦争が終わってしばらくのころのものだから、紙の質はわるく、いまでは茶色になっているが。

地図には、秦さんの足跡が赤エンピツで正確にひかれている。たとえば丈競《たけくらべ》山《やま》の北の峰では、赤い線は「はんの木谷」側を水平にとおっていて、むかしは、峰を横切るまき道があったことがわかる。

十六枚つなぎの地図には、別の書き込みがある。それは福井の市役所の印から、四方八方に定規でひかれているエンピツの線で、線の終点はみな山のてっぺんでおわっている。線の数ははんぱではなく、中心点の福井がまっ黒になっているくらいだ。

福井からはじまっているエンピツ書きの放射線は、昭和二十年の十月から市長を勤めた熊谷太三郎氏の労作、そのうちには山々の詳細なスケッチも含まれる『福井から見える山々』（品川書店）の製作に、力を貸していたころのものだろう。熊谷氏は書いている、

> たまたま中学時代（旧制）の野球仲間である秦健治君が（熊谷氏はセカンド、秦さんは技巧派のサウスポーだった）、何時の間にか山党に転向して、福井山岳会の会長になっているのを知ったので、そのスケッチ図を見せたところ、同君からこれらの山々の豊富な登山経験に基づく二、三の注意を受けたりした。（中略）一昨年即ち二十八年の秋頃からそれに取掛かった。その結果出来上がったのが、以下に示すスケッチ図と記事とである。

地図をながめていて、ある日の秦さんを思いだした。「美山村のなかでいちばん高い山は草間岳なんやが、あそこから福井は見えんのやな、まわりがみんな高いんや。」そんなことも秦さんはとてもうれしそうにいう。たぶん『福井から見える山々』にまつわる知識だったのだろう。

草間岳（一六五二・八メートル）には、昭和五十七年になってのぼったが、たしかに遠くのみえない山だった。それどころか、木が生い茂っていて近くもみえなかった。ほんとうになににもみえない山だった。低い木々のあいだにすわってそのときも、私は秦さんの笑顔とことばを思いだした。

＊

ところで、大御影山にはじめてのぼったのは、昭和五十四年のことだった。亡くなった井上孝一さんとのぼった。

そのころ福井山岳会では、二年をかけて福井県の境となっている山々を、ぐるっと歩きとおしてしまう、という計画が進行中で、大御影山にのぼったのもその一環だった。朝はやく（午前四時）二台の車で福井を出て、第一班は敦賀から黒河林道をのぼる。そして滋賀との県境の三国山にまずのぼり、つぎに赤坂山をこえて大谷山に向かう。私が加わっていた第二班は大御影山にのぼってから、引き返してこんどは大谷山にのぼり、一、二班合流して下山というその日の計画だった。

七月一日のことで、山には低い雲がかかっていた。梅雨のさなかのことだったのだろう。耳川にそった林道を走ってゆくうちに、意外にも県境までできてしまう。道はさらに滋賀県の中につづいてゆくようにみえていたから、車をおりて県境の尾根をのぼっていった。

すると、これまた意外なことに尾根には切り開きがある。井上さんと「これは助かった」と笑いあった。雲のなかをのぼるうちに左からきた山みちに合流する。いよいよ楽になったと歩いてゆくと、右のやぶのあいだに「大御影山」と書いた小さな板が、ひょいとみえた。もうきてしまったのか、という気分だった。雲のなかだから周囲はなんにもみえない。

それからはその日の予定どおり、のぼってきた尾根をそのままおりて、つぎは反対方向にブナの林をのぼった。はじめのうちは、やはり切り開きがあった。そのうちやぶが濃くなってきたが、ざわざわと分けてゆくうちに、木々はリョウブの低い林になってゆき、ひょいと跳びだすようにササとススキのひろい原の端にでた。雲にかくれるところまで草の尾根がつづいている。県の境にこんなところがあったのか、とびっくりしてしまった。

「これでは帰りのとき、うまく尾根にはいれないかも知れないね」、といいあって私たちは木の枝に目印をつけ、ササとススキが入りまじるひろい尾根にのりだした。ゆるやかに低くなったり高くなったりで、尾根は霧のなかにのびてゆく。「いいところだね」となんどもいいあった。ただ、ササのあいだの岩のうえにマムシがいて井上さんが、わっ、といったけれど。

ずいぶんササのなかを歩いた、と思っているうちに、円い峰がちかづいてくる。のぼるにつれて低くなってゆくササを分けてゆくうちに、いただきといえそうなところに着く。その少しはしっこに大谷山の三角点があった。ひとが残した気配の感じられない所だった。雲がいくらか高くなって、赤坂山へつづくササの大きな斜面が目のまえになっている。第一班はそちらからやってくる予定だ。

約束の時間をこえて、一時間以上待ったけれど、ササのなかに第一班の三人は見えてこない、そこで「なんだかへんだね」といいあいながら引き返した。さほどのこともなく車のところに戻る。それからがたいへんだった。突然、すごい雨が降ってくる。あちこちで山水があふれている林道をいそいでくだった。

世のなかには偶然というものがあるものだ。第一班の三人を乗せた車とは、福井の入り口で出会った。それで向こうの様子がわかった。赤坂山からの尾根でやぶに阻まれ、時間にまにあわないと引き返す途中で大雨に遭ってしまったという。

このときの大御影山については、霧のなかのだらだらとしたところだったという印象がのこった。

＊

平成元年になつて、山の本『福井の山150』（ナカニシヤ出版）のために、大御影山の写真が必要になる。そこで三月に耳川から粟柄谷の林道をふたたび車でのぼった。あの年はほんとうに雪のふらない冬がきて、県境ちかくまで車を走らせても、道に雪はほとんどみえなかった。

谷をあいだにして、大きくひろがっている大御影山にも刷毛のあとのように雪がのこるのみだった。

写真のために山を見つめているうちに、斜面につづく森の様子が、しだいに姿を現すようにみえてくる。大御影山ではスギが落葉樹のあいだに、きれいに振りまかれたように入り交じっているのだった。この山の森は自然に生えたスギの様子を残している、と考えた。もちろん、古びたスギがみえないことから、村人の手ははいっているだろうとは思ったけれど。

写真を撮ったあと、大谷山にむかった。ブナの林のなかにうすく積もっているとみえた雪が、のぼるほどに青いかげりをみせて深くなる。夏にはササの原だったところは、ほぼまっ白にかわっていて、雪に模様をつくる風が勢いよく吹きわたっていた。

*

それからぐっと間隔があって、平成十年の六月に大谷山のササの原に行った。

最初に大御影山と大谷山にのぼった昭和五十四年から数えてみると、そのあいだにちょうど二百五十回、別の山に行っている。いわば、まわり道をしているあいだに、霧のなかに無限につづいているとみえていた大谷山のササの原が、しだいによみがえるようであった。六月、緑のササ原はどのようにみえているのだろうか。

長年、山に行きたいと思いたって出かけているが、その山は山でさえあればよい、というわけにはいかない。心のなかでの選択がある。以前の記憶がしだいによみがえって、のぼりたい山が定まることがある。

すばらしいお天気だった。一面のササの原のかなたに、赤坂山につづく幅のある斜面いっぱいに、ビリジャングリーンのササがひろがっている。

東南の方向、ほとんど真下にみえるところから琵琶湖がはじまっていた。水の輝きはもやのなかに消えていって、向こう岸はおぼろになっているほどの湖だった。

うすい黄色にみえている湖面から、風がふきあげてくる。あちこちにみえるヤマボウシの花を、さわがしく揺るがすほどの風だった。ササの尾根を越えた風は、耳川の深い谷間におりてゆく。そちらの方向では大気が澄みきっていて美浜の海が美しくながめられた。

帰りのこと、コノハズクの鳴き声が十回ばかり大御影山の森のなかから聞こえてくる。ブッポウソウとたしかに聞こえる声は、風にのって少しずつ遠くなっていった。聞こえなくなったあとに、ほんとうだったのか、という気持ちがわきあがって、しばらくは、ひかる緑のブナの林の風音のなかで、うごけなくなってしまった。

大御影山には自然のままの森が多くのこっているから、コノハズクの声がふさわしい。福井の山でコノハズクの声を聞いたのは、今のところ、このとき一回きりだ。

*

大谷山のひろい尾根は、ササとススキがまじるひろい草原になっている。緑がかがやくころの景色はながめたが、秋はどのような色合いになっているのだろうか。そこでしばらくのあとに(この日の記録はノートからおちている)、ヒガンバナの行列をみるために若狭の神宮寺にゆき、それから大谷山にのぼった。お天気はかわりはじめていて、黒い雲が琵琶湖の東の竹生島すれすれにおりている。それで、日にひかるススキの穂の銀のかがやきはみられなかったが、草原はササがみえなくなってしまうくらいにススキの銀白に彩られていた。

草原のくぼ地に生えている低い木々のなかに、サワフタギがまじっていた。その青い実をみつけて木の名前に気がついたのだったが、ササのあいだには紺色のトリカブトの花もみえていて、秋の大御影山、大谷山の色は青かもしれないと思った。

つぎに、山のノートに大御影山があらわれるのは、平成十三年の二月にになる。このときのことは『夜明けの霧の山』(福井新聞社)に書いているから省略して、書かなかったことのみにとどめる。あの日の長い尾根ののぼりでは、どうしたことか最初から遅れていて、写真を撮るといいわけしながら、きれいに踏み固められた雪の道を、ひとりあるいていったのだった。視界に仲間の姿はみえない。ただ、頂上が近くなったところで、今のぼっている尾根こそが、大御影山をよくとらえていることに気がついた。谷間からのぼりはじめて、長い尾根をとおり、樹氷のブナの峰を越え、ぱりぱりの氷と風紋がのこる雪の、ひろい尾根から頂上に近づくほうが、若狭でいちばんの大御影山にはふさわしい。くたびれたけれどはじめていい山だと思った。

＊

近江坂

平成十八年十月のこと、山でのつきあいが三十年以上になる早川さんにさそわれて、若狭の三十三間山から北に尾根をあるいた。その途中のブナの林の紅葉は美しく、また林の底は、トリカブトの青紫の花房にかざられていて、まるで公園をあるくような山の一日だった。トリカブトのひろがりは、ちかごろこのあたりの山に、めだって殖えてきたシカによるものだろう。シカの食べない草がひろがってくる。

　その日の目的は、遠くよくばって雲谷山をめざすものだったが、まさかそこまではとても行けず、あいだで尾根を横切っている送電線の巡視路をかりて、そちらからおりようということになった。ところが尾根のやぶがやたらと手ごわい。それまで公園のようだとあるいてきたものだから、とくにそう感じられた。そこで、やぶ尾根から引き返し、七五〇・九メートルの大日山をのぼりこえて、さらに南へ戻り、早川さんが調べてきたといった、近江古道から若狭町の能登野へおりることにした。

　歩いてみると、ゆるやかにつくられていて、古い時代によく踏まれたことがわかる道だった。おりてから車までのアスファルト道の遠さにはまいったが。

　近江古道という名称は、ある電力会社が継続して出しているPRパンフレットで知ったと、早川さんはいっていた。あまり知られていない若狭を紹介するページがあるという。

　それから数日あとのこと、近江古道という名前には、かすかな疑問があることに気がついた。これはもとからある名称ではあるまい。よく踏まれていた山みちが生きていたころには、古道ではなく、別の呼びかたをされていたことだろう。

　そこで、「古道」が尾根をこえていた所、その峠の名前を調べるために、『北山の峠　京都から若狭へ』(ナカニシヤ出版)の中巻をひらいたところ、ぱらり、と古いコピーがおちてきた。見ると表題に、「馬が通った山中の古道、近江坂」とある。

　あっ、と思ってつぎのページの山越えのルート図をみてさらに驚かされた。図によると近江坂は、若狭町の能登野と琵琶湖の今津をむすんでいたもので、その途中で、大御影山をこえてゆくものだった。そして、先日の峠の名前は「能登越」と記入されていた。

「のとごえ」に「おうみざか」、今津から若狭にむかうときには能登越え、反対に琵琶湖へゆくときは近江坂と呼ばれていたのだろう。古くからの名前にちがいないと思った。

そのルート図をみてゆくと、みちは能登越からさきで天増《あます》川の源流を横切って尾根にのぼり、今津へとつづいている。その源流のあたりには「能登郷跡」としるされていて、いっぺんに気持ちがかたむいてしまった。

「近江坂」の著者はわからなかったが、『北山の峠』にコピーがはさまっていたことからみても、同書の著者、故金久昌業氏であることにまちがいないだろう。

*

ところで、福井と滋賀の県の境は、天増川の源流でへんなぐあいになっている。そもそも、小浜から北川をさかのぼってゆくと、宿場で有名になっている熊川からさきで、滋賀県にはいり、川の名前も天増川とかわる。その源流のあたりで、県の境は、南にひらいたカタカナの「コ」の字になって、川の上流をかこんでいる。藩政時代の「国」のなごりでこんなことになっているのだろうか。

金久氏のルート図の近江坂のみちの印は、能登越からいったん源流におりてから尾根にのぼり、尾根をとおって大御影山をこえ、尾根から今津にむかっている。若狭の平野の能登野から大御影山まで、ほぼ一直線のコースだった。

そこで、五万図「西津」と「熊川」をつないでよくみると、みちが横切る源流部は、幅二、三〇〇メートル、奥行約八〇〇メートルの平坦地となっている。標高は五八〇メートル。近江坂が健在だったころに、源流部に集落があってもおかしくないと思った。

さて、その集落の名前だが、「能登郷」あるいは「能登野のさと」と呼ばれていたのだろうか。今ではわからない。川をくだってゆくと、一二、三キロさきに天増集落がある。普通、これほど離れて出村は形成されないから、なくなったとされる集落は、山を越えなければならないが、やはり能登野につながりのある集落だったことはたしかだろう。

＊

平成十九年の一月に、早川さん坪内くんと近江坂をのぼった。一月というのに雨となりカッパを着る。一時間ちょっとでついた能登越は、くらい霧のなかであった。さっそく、天増川の方をながめると、峠からはじまっている沢に、むかしのみちの気配があるようだった。さいわい、古びた赤の布きれが、ところどころにさがっている。おりてゆくうちに沢に水が現れる。沢がしだいに谷の形になるころにスギの林があり、くぐってゆくと林道に出た。

この林道は近年になって天増集落から延びてきて、県境の峰までつづいているもので、もちろん、むかしの近江坂のみちとは存在の時間空間がちがっている。

林道のはしからみおろすと、雨のかすみのなかに、天増川源流にひろがっている湿地帯らしい枯れ草の原と、まるく盛り上がったスギの森がみえていた。

気持ちをひかれたがお天気がわるい。そこで「コ」の字の形になっている県境の尾根の二辺をあるき、霧のなかのブナ林をとおって大日山までゆき、引き返した。

一週間あとに、早川さん工藤さんと能登郷に初めてゆく。

一週間のあいだに雪がつもって、能登野から八幡《はちまん》川の林道にはいると、たちまち雪がふかくなった。急坂で横に流れそうになる車をどうにかなだめて、終点まではいる。近江坂は、スノウシューとかんじきでのぼった。能登越では、風あり、気温〇度くらい、視界三〇〇メートルほどであった。すすっと白い沢をくだって天増川林道にでる。白いひろがりとなっていた能登郷は、ふる雪をとおしてうすくながめることができた。

おりてみると、そこは幅一〇〇メートルほどのほぼ平坦な雪の原であった。そのあいだを小川が蛇行しながら流れている。上流へあるいてみると、粉雪のかすみのなかから年を経たハン

能登郷の杉木立

ノキの木立ちが現れてくる。雪の原には上下にわかれてスギの叢林があり、神社の跡を思わせた。

能登郷

話はもどって、雨の日に能登越にのぼったとき、大日山への県境の尾根の峰で、風力発電調査の鉄塔をみかけていた。まえに、電力関係の会社を経営している友人と、風力発電の候補地をさがして、福井県下一円をまわったことがあったから、一目で調査の鉄塔とわかる。

そのことを友人に話すと、早くも知っていて、「若狭の国道二七号からも見えているあれは、ウチのではない」。といういやにきっぱりとした答が返ってきた。関心がないのか、と思っているとそうではなく、友人はほどなく職業がらみの熱心さからか、天増川の林道を車でのぼり鉄塔をみにいったらしい。その途中、天増の集落でおもしろい情報を聞きこんできた。能登郷のどこかに、お墓がふたつのこっているという。

これは聞きすてならない。

そこで平成十九年の四月に山田さんに声をかけて能登郷にでかけた。山の記録ノートをみると、この年は、能登郷とそのまわりの山が重なって出てくる。

私の山のぼりの傾向は、ある山に目がゆくと、その山域をめぐる歴史や、地形のおもしろさにのめりこむところがあるのだろう。地域がひろければひろいほどよく、自分にとって未知のところであれば、なおさらよい。ということで、二月には三十三間山から能登越をとおり大日山にのぼっていたが、その折の雪はすっかり消えていて、四月の峠ではアセビの花が盛りだった。

今ではあるきなれた沢のみちをくだって、能登郷につく。

枯れ草の原をめぐってゆくおだやかな流れ、郷《さと》にはあかるく日が差していて、木々の梢はあたたかい色合いのかさなりにかわっていた。私たちはシカの踏みあとがのこる草の原を、ふたつの墓をさがしてあるいた。

その捜索のあいだに、ひろい草の原の、上部と下部にわだかまるスギの叢林は、自然のものであることを確認した。私には林のなかにお宮の跡をみつけたいという、期待をこめた気持ちがあったのだが、スギの林にはその痕跡は一切なく、あとにさっぱりとした気分がのこった。

天増川の源流にひとが住んでいたのは、どのくらいまえになるのだろうか、あるきまわっても、ひとの住み跡や耕地の跡を、それとはっきりみつけることはできなかった。もちろん、ふたつあるというお墓も。

日がそそいでいる枯れ草の原で、食べられて間もないカモシカの骨と毛皮に出合った。周囲の自然と、まったくかけはなれた違和感のなかに横たわっている。こんなに大きな生きものを食べてしまうものはなにか。この能登郷のどこかに隠れているのだろうか。骨との出合いはお墓の代わり、といえなくもなかった。

その日の山のぼりには、能登郷から今津への古い山みち捜しも含まれていた。そこで、原からみて、むら跡かもしれないと見当をつけた尾根末端の台地から、コの字の形に源流を囲んでいる県境尾根の、東の線をめざすことにした。しかし、のぼってみると、台地とはこちらの思いすごしで、下からのみかけだけのものだった。墓さがしにのめりこむと、何をみてもそれらしくみえてしまう。

能登郷からみて、今津へもっとも近くなると思える尾根にも、古い道の跡はまったくなかった。シカが草や灌木を食べつくしてしまった尾根をのぼるうちに、二匹の痩せたシカと出合う。

一日、能登郷をめぐりあるいて、このやま深い「むら跡」についての、ひとつの仮説をもつことになった。それは、「能登郷は若狭町能登野の出村であった」というものである。理由はかんたんで、能登野から能登越にいたる道がすべてを物語っている。この道は実にていねいにつくられていて、しかもよく使われ踏みしめられている。それに比較して、能登郷から大御影山への尾根に出る古道を、私たちはついにみつけることはできなかった。

ただ、尾根にのぼる山みちは発見できなかったが、能登郷の左岸の山すそには、かなり古いみちの跡があった。しかしそのみちは、川しもの天増のむらからつづいてくるものと思われた。林道が開かれる以前のものだろう。

山からの帰り、能登野でみかけた老人に、能登郷のことをたずねてみた。すると、

「ああ知ってる、あそこへは、遠足に先生がつれてってくれた、さかなをよーけつかまえたな」

「名前やってか、それはしらん。むかし、うちがあったかどうかもしらん」。という答えが返ってきた。

*

さきに書いたことだが、『北山の峠』からパラリと落ちてきたコピーの内容を、ここで紹介する。

国土地理院発行の五万分の一「熊川」の右上端に「近江坂」という記載がある(現在のものからは消えている)。しかしこれは記載されているだけで、どこから発して、どのような道順を通り、どこに行き着いているのか、皆目わからなかった。近江坂という三字だけが、謎を秘めて山深く入り込んでいるだけであった。しかし近江坂という名称は、近江に通ずるものではなく、この地域から推定するとたぶん若狭または越前から、近江に通じているものではないかと思われた。それならばこの道は、若狭越えである可能性は充分にある…。これが、筆者(金久昌業氏であろう)が近江坂に興味を持ちだした始まりであった。…(略)…まず最初は近江側の始発点を捜すことであった。これは付近の人から聞いて酒波《さなみ》であることがわかった…(略)…。その最後に得られた情報が酒波寺由緒書であった。この中に「酒波寺に関する由緒、江州闇見《くらみ》神社社殿に秘存」という文字があったことと、酒波寺住職夫人から、酒波寺の末寺がクラミにあり、昔は馬で越えてきたと聞いたことである。この結果、苦心の末、三方の成願寺(ほんとうは倉見)というむらに闇見神社を発見することができた。そして神官の渡辺氏から若狭側の様子を聞くことができたので、ここにようやく近江坂の謎解きが終わったのである。これが一九七〇年であった…(略)…。

渡辺氏より聞いた話を書く。はじめは、三十三間山も含めて三方の山は酒波寺の寺領であった。当時の行政区分は若狭でなく、近江であった。ところが、織田信長が越前の朝倉氏を攻めたとき、山手米《やまのてまい》という一種の税金を酒波寺に賦課した。軍用金の徴発のようなものであろう。だが酒波寺では納税できなかったので、寺領であった三十三間山付近の山々を三方に与えるかわりに、三方から、山手米を出してくれというとになった。そこで、この当時この地方に勢力のあったという倉見の豪族が、酒波寺に寄進という形で山手米の処理をした。

その時いっしょに闇見神社にあった大般若経六百巻を酒波寺におさめたといわれる。しかし実際には五百九十九巻で、後冷泉《ごれいぜい》天皇の親筆になる一巻は今も闇見神社に残っているそうである。

この時以来、三方から毎年近江坂の道を通って、酒波寺の経巻を拝みに行く慣例ができたのである……(略)…。この行事は今も行われているが、現在では国道３〇３号線を自動車で往復している。

なお天増川の源流に能登郷という木地屋の部落が五十年くらい前まであり、近江坂はここを通っていたということである。これで推理した不審は解消された。続いていた尾根道がいったん谷に降りるということは、能登郷という絶好の中継地があったからである。これで、いつごろからでき、何のために使われた道であるかという疑問は解決した。

読んでみて、よく調査をされていることには感心させられた。私は倉見の闇見神社のことは、境内にあるヤブツバキの大木林で知っていたが、京都に住まわれていた金久氏が闇見神社を捜すとなると、たいへんなことだったろう。神社発見のよろこびが文章にあらわれている。

しかし、能登郷が近江坂の中継地だったという、金久氏の指摘には疑問がのこる。私たちの半日掛かりの調査では、馬が通れるほどの古いみちを、ついにみつけることはできなかった。山みちのない山を好んで六十年ばかりのぼってきたというのに、みつけられなかった。古い道はなかったと結論づけるほかはない。

ところで、能登郷にあったとされる木地屋の集落はどうだろうか。本によると、木地屋の集団は一ヵ所に永住することなく、材料のトチの大木などが山からなくなると、漂流するように移住していったという。そうだとすると、住まいの場所はほどなくして自然に返ることもあったろう。するると、能登郷はどのような場所になるのだろうか。谷あいでは、耕作地としての遺構をみつけることはできなかったが、依然として、今の若狭町の能登野からのゆるやかで、よく踏まれたみちの問題がのこっている。

だが、この道は近江坂のはじまりではなく、能登野のむらびとが、山で仕事をするときの道であったのだろうと考えると解りやすい。闇見神社から酒波寺に経巻を毎年拝みに行くときも、能登越の山みちは通らなかった。倉見から酒波へは、標高約三〇〇メートルの、ゆるやかな保坂峠を越えていったのだろう。これだったら、倉見からまっすぐ南に熊川に出て、あとは低い保坂峠を通り、石田川のひろ野にゆく。馬で酒波へは、かるい一日コースだったことだろう。

また、もういちど能登越にもどって、峠から能登郷におりずに、(コ)の字の形に連なっている県境の尾根を通って大御影山を越え、酒波にいっていたのではないか、というルートも考えられるが、近江坂に興味を抱いてからの、たび重なる山のぼりでも、(コ)の字の尾根によく踏まれた古いみちをみつけることはできなかった。特に、能登越の北の尾根にみちはなかった。

結局、私もふくめて、山好きなものにはロマンチックに感じられる能登郷を経由する近江坂は、なかったと考えるほかはない。なにしろこのコースは、若狭でいちばんの大御影山を越えなければならないのだから。むかしのひとがロマンチックな心をもつことはなかった、といいきることはできないが、わざわざ高いところを行き、しかも遠回りになる山みちを使っていたとは考えられない。

＊

平成十九年五月十三日、福井山岳会のメンバーと大影山にのぼった。

能登野から八幡川《はちまんがわ》の林道を車でゆき、八時二十分登山開始。若葉の尾根を気持ちよくのぼってゆく。木々の下の葉や若草の芽生えの様子から、シカの食害ははじまっていないと思われた。一回休んで能登越。くもり空でかすみが濃く、北川のひろ野のさきに、小浜の街の眺めはなかった。四月にきたとき花ざかりだった峠のアセビは、紅色の芽吹きのさなかだった。

ただちにくだって能登郷の草の原にでる。敷きつめられた緑のなかの古い木立ち、一同より嘆声があがる。緑をめぐる小川の音のよさ。高い梢よりふりかかるヒガラの声。しばらく草原を思いおもいにあるいたあと、前回の調査のときとは一本北の尾根を東へのぼった。コナラ、ミズナラのあいだにエゾユズリハがまじっている。尾根にみちの跡はまったくなく。古い樹木には古びた赤い塗料の印がのこっていた。送電鉄塔二基に出合って巡視路をのぼる。ブナの大木があらわれる。新緑のみずみずしさ。

ふたたび県境の尾根にでる。ブナ林のひろい尾根には、うすくみちが延びていたが、みちは使い古されたものとはとうていいえず、近年の登山者の増加によるものと思われた。やがてブナの森には自然生のスギがまじってくる。シカの旺盛な食欲で下生えのまったくみえない尾根を、ゆるく上下しながら南へあるいた。

三重岳への分岐から県境の尾根は東にむきをかえる。ここにきて、行く手に高く、ぼってりとした若葉の山に、大御影山の頂上を示している反射板が白くみえてきた。北に遠い耳川の細野に新庄の集落がうすくみえている。

ゆるやかな長いながいくだりのあとに最低鞍部にくる。このあとは、ひとの足で削られたやや深く細いみちをのぼった。山みちは、性急な近ごろの開発によるものではなく、山の仕事のひとか、山の旅人によって踏み固められたものと思われた（私はアフガンで経験しているが、馬のみちはもっとひろいものとなる）。みちの表情は、尾根をめぐりながらゆくゆるやかな傾斜にあらわれていた。金久氏はこのゆるやかな道のつくりに、近江の古道を想像していたのだろう。判る気持ちになった。

三重岳への分岐から一回の休みで大御影山につく。周囲があまりみえない山頂だった。空は晴れてきているが冷たい風が吹きすぎてゆく。背伸びすると、北にむかうひろい尾根が眺められた。樹氷の二月にのぼった尾根だった。

少しくだって風を避け、低い林のなかでヒルにする。いろいろな食べものが回ってきた。さて下山、三重岳分岐で休み、能登郷にきてのびのび休み、あとは長い下りをあるいた。

（十一時五十五分、大御影山。十二時四十分、同発。十五時五十分、車の地点・八幡川林道終点）

尾根のかわいい高まり、桂島山

一一七三・三m

▼登山口　JR九頭竜湖線越前大野駅または勝原駅から白間瀬谷林道終点

▼二・五万図＝下山

白山から南にのびてきて、三の峰からさきでは福井と岐阜の県境をつくるながい尾根がある。この尾根は、小白山《おじろやま》ちかくで東西に分かれてゆくのだが、そのうちの西にすすむ尾根は、びわくら山、桂島《かつらじま》山などの高まりをみせながら木無山《きなし》にいたっている。

ということが、桂島山の位置関係。昭和六十二年の十一月に三面谷《さつら》からのぼった。ブナのあいだにひろがっていたササが、ざわざわと風に鳴っていて、びわくら山と木無山がみえる頂上だった。

山のうえにいて、周囲をみまわしていると、山で暮らしていた人びとのことが知りたくなる。いつのまにか、桂島山のあたりを記した古い本が身のまわりにふえて、山の名前にしては少しおかしな感じのするこの山のことも、霧のなかからみえてくる林のように、うかびあがるようになってきた。

桂島山は、東の石徹白《いとしろ》川の三面谷よりも、西、打波谷の人びとに親しまれてきた山であるらしい。下打波《しもうちなみ》から谷山川を八キロばかりのぼったところに、出作りから定住となったといわれる池ヶ原のむらがあったが、今はオウレンがひろく植えられている原にたってみまわすと、びわくら山から木無山にかけての山々が、こちらに迫るようにみえてくる。

桂島山

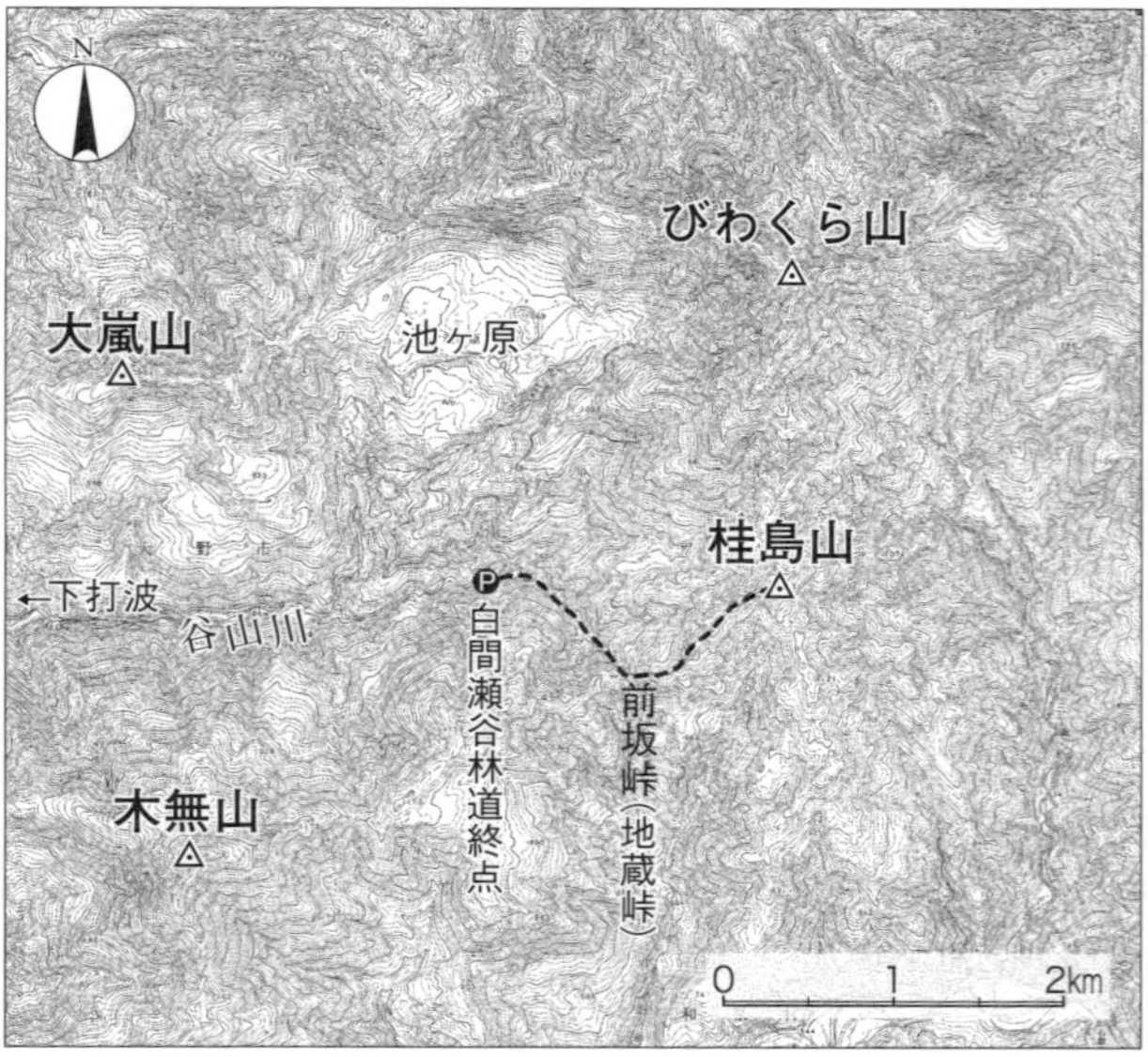

そのなかにあって、桂島山は山というより山なみのあいだの、かわいい高まりにみえている。池ヶ原に住むひとは、尾根の高まりであることから、したしみをこめて桂島と呼んでいたのだろう。また、今でも池ヶ原の夏小屋に住んでオウレンの世話をしているひとは、目のまえの高く黒いびわくら山のことを、ただかんたんに「びわ」と呼ぶだけである。たぶん、山の本名は「びわ」だけであって、くらはクマが棲む崖を意味する「くら」なのであろう。ということで、「びわ」「桂島」と打波谷では呼びならわしてきたのだろう。

この桂島山で石炭を掘っていた時代があった。昭和四年刊行の『大野郡五箇村村誌』に次のような記述がある。

「桂島炭山の発見」 明治十四年下打波区民これを発見するや、遂に同四十年より、石川県藻寄鉄五郎の手により、六年にわたりて大々的採掘の挙あり。天空高く鉄索を架設して運炭に供したるも正にこの時に属す。本村の副業的経済の大福音たりしが、惜しむらくは少時にて廃絶せり。

炭山のありかについては、別のところに「炭層を前坂嶺の北東斜面に露出し」とあるから、その位置を推定することができる。明治の終わりのころ、石油エンジンはまだ実用化されていないから、五・二マイル(往復で半分としてもすごい距離)の索道は、蒸気機関で動かしていたにちがいない。水と石炭はいくらでもあった。

今となってはとても考えられない景色が桂島山にはあった。ほんとうだったのだろうか、とつい思ってしまう。

その桂島山に、平成二十一年の六月、山に濃い霧がすっぽりとかかっている日にのぼった。下打波から谷山川(白間瀬川)ぞいの林道をのぼり、池ヶ原への分かれにくると、これから進む前坂峠方向の道には簡単な柵がおかれている。このさき、はいってはならないという柵。このとおせんぼをどう考えるか、しばらく柵のまえで協議して柵をよけ、さらに車を走らせると、一・七キロあまりで砂防工事の現場があらわれ、道はおわりだった。できるだけ端の方に車を寄せて、山の用意をしていると、工事の人たちがのぼってくる。

話してみると、親切な人で車を止めることはOKだった。やれやれ。向こう岸に立つトチの花がみえてくる。花のほんの少しうえから山は霧のなかだった。

工事の崖に間に合わせの梯子がある、のぼると古いみちがあった。これか、と思う。しかしそのみちはたちまち崖の崩れにきえて、ちいさな沢をまえにすることになった。黄色の岩の沢、ここをのぼるか、とあるきはじめると、うしろの工藤さんから声がかかる。

「もう一本むこうに沢がありますよ」、えっ、地図をみて木無山よりにいきかけていたことがわかった。そこからは、一行のまえとうしろを逆転してのぼってゆく。

ゆるやかな白間瀬谷の左岸のところどころには、みちの跡がのこっていた。みちの名残りを捜すようにのぼってゆく。濡れて黒くひかる石炭が、草のかげにちらばるところがあらわれる。山の斜面に人工のものらしい平地もあった。濃い霧のむこうが明るくなってきて峠にでる。

ブナの陰にまだ新しいお地蔵さんがあった。付近を調べてみる。わずか西よりに峠の切り通しがあり、前坂にむかってみちが延びていることがわかった。福井の山のみちとしてはよく作られている方になるだろう。この峠は大野の町と石徹白を結ぶコースにあるのだから、主要なみちの峠になる。ただ、打波方向をみるとみちはすとんと途切れていた。切り通しのすぐ近くに人工らしい平地がある。小屋の跡を想像してみた。「石碑があった」と酒井さんの声がきこえてくる。みると、お地蔵さんとほぼ同じ大きさの石の板に和歌が刻まれたものだった。

国境ふ地蔵峠に見はるかす美濃の山青く
遠くかすめり　　　史郎

「あ、このひとに会ったことがある」とは、私がいったこと。ずいぶんまえに文化協会の帰りに、一度だけ話をしたことがあった。下打波の出身ということだった。
「下打波ですか」というと、「あそこの桂島には炭鉱があって、戦争中、海軍が掘っていたのですよ。私ら学徒動員で行っていましてね。石炭を運ぶのはフォードのトラックでした」ということだった。フォードのトラック、に力がはいっていたことを、まだおぼえている。三武史郎さんだ。

地蔵峠（前坂峠）からは、ブナの立つ尾根を北東にのぼった。あいかわらずの濃い霧で、木の葉はこのらず露にぬれている。低いやぶを分けてゆくうちに、たちまちこちらもぬれてしまったが、今日のお天気ではしかたがない。やがて、杉の植林地があらわれる。その林は、たぶん一度も手入れされることはなかったのだろう、と思わせる様子だった。
「印をつけてゆきましょう」、そういって工藤さんが赤いリボンの束を出す。なにしろ霧のなかだから、帰りのことが大切になる。荒れた杉林がおわって尾根は、高いブナのあいだに、ササやクロモジが密生するところとなった。ときにはなかに蔓がまじっているから、またいだり、くぐったりでたいへんだった。それでも、のぼりに抵抗があると、かえって馬力をだすひとがいる。がさがさ、がさがさ、やぶのなかをけっこう早くのぼっていって、十一時に桂島山の三角点にきた。やはり霧のなか、近くのブナの木だけがみえる頂上だった。

ひるを食べているうちにたちまち寒くなってくる。食べおわってすぐ出発。

霧のなかの下山は予想どおり難しいものだった。地図を開き、磁石と合わせてなんどもコースを確認する。のぼりに結んできた赤いリボンが、霧のなかからみえてくると、みつけたひとは大声をだす。そのくらいうれしい。とうとう、のぼりにつけたリボンはみんな回収して峠にもどった。

峠からしばらくおりて、沢がはじまるところ、低い崖の地層に幅ひろい黒いところがあった。沢におりてみると、岩にまじって石炭の塊がけっこうおちている。一同、家の飾りになるといいあって、ぴかぴかしているものを拾うことにした。そのとき、むかし、黒いダイヤということばがあった、と浮かんできたから、記憶というものは、おもしろいと思った。

大嵐山のナメコ採り

一〇九〇・五m

▼登山口　ＪＲ九頭竜湖線越前大野駅または勝原駅から谷山川林道
▼二・五万図＝下山

はじめにことわっておくけれど、私たちはナメコ採りに大嵐《おおあらし》山にのぼったのではなかった。たまたま大量のナメコに遭遇しただけだった。

山岳会にも忘年会があって、その明くる日、平成二十年の十二月十四日に大嵐山にのぼった。この山は、ひとつまえの桂島山でふれた池ヶ原の西にある山で、南の斜面には平がつづき、そこは今、オウレンの畑になっている。

山のできごとのなかに、よくおぼえているものがあって、大嵐山でのこともそのひとつ。昭和五十七年九月十二日、台風十八号来襲のさなかにのぼろうとしたことがあった。雨と風は予想どおりのような気がしたけれど、やはり台風はすごい。あたりがぱっと、一瞬のうちに霧に包まれるのには、ほんとうにびっくりした。もちろん、のぼれなかった。台風がくるとわかっていて、大嵐山にのぼろうとしたことは、よくなかった。

雲が低くおりている朝だった。下打波から谷山川の林道をあるいて、頂上から南に延びている尾根の末端にくる。ちいさな沢よこの崖、いきなりの急登だった。杉とネマガリダケの尾根も急登。やがて少々ほっとするところがあらわれる。杉林の尾根に、ただ石を集めた石垣と畑の跡があった。ほんの少しの緩斜面も見逃さない山の暮らし。あたりまえにたいへんなことだったと思う。そう思うしかない。

杉林がなくなって、落葉樹のあいだでササを分けているとき、先頭で大声があがる。なにごと、と近づくと、ササのあいだのナメコの木だった。緑のなかに黄色一色にたっている。みると、黄色の木はあちらに一本、こちらに一本とみえてくる。一行九人がちらばって、ほどよいほどのナメコだった。

近ごろ広葉樹の山では、夏のうちから茶色になる木が目立っている。もう紅葉がはじまったか、と思ってしまうくらいのところもある。この枯れは、カシノナガキクイムシによるもの、と発表されたのはだいぶまえのことだったが、やはり今でも、キクイムシは生きているコナラをみつけて、棲みつづけているのだろう。コナラが枯れてナメコが生える。ほんとうは、喜んでいる場合ではないのだろうが、ナメコのぬるぬるした感触がうれしかった。我をわすれてしまうほど。そうなってくると、手が届かない高さにあるナメコがくやしい。あるひとなんかは、ストックでかきおとすほどだった。

ようやくおちつきをとりもどしてのぼるほどに、尾根の左は茶色に枯れたふかい谷になってくる。突然、霧のなかから林道があらわれて、びっくりさせられた。林道を横切ると平になって、そこはブナの木の下のオウレン畑。やはり、もと山みちのところに林道はつくられる。枯葉をかくして雪があらわれる。やがて、一面の雪の尾根となった。ブナの尾根にキノコはみえない。ただ足跡をおってのぼった。大嵐山の頂上すぐ南西は、ひろい尾根になっていた。一〇〇〇メートルをこえているそのあたりでは、さすがに畑としての利用はなかったらしい。その様子が木々の姿にあらわれていた。雪がふかくなってきて、どこか冬山らしくみえてくる。十二時頂上。　雲がおりていて、近くも遠くもみえない頂上だった。

大嵐山のオウレン畑

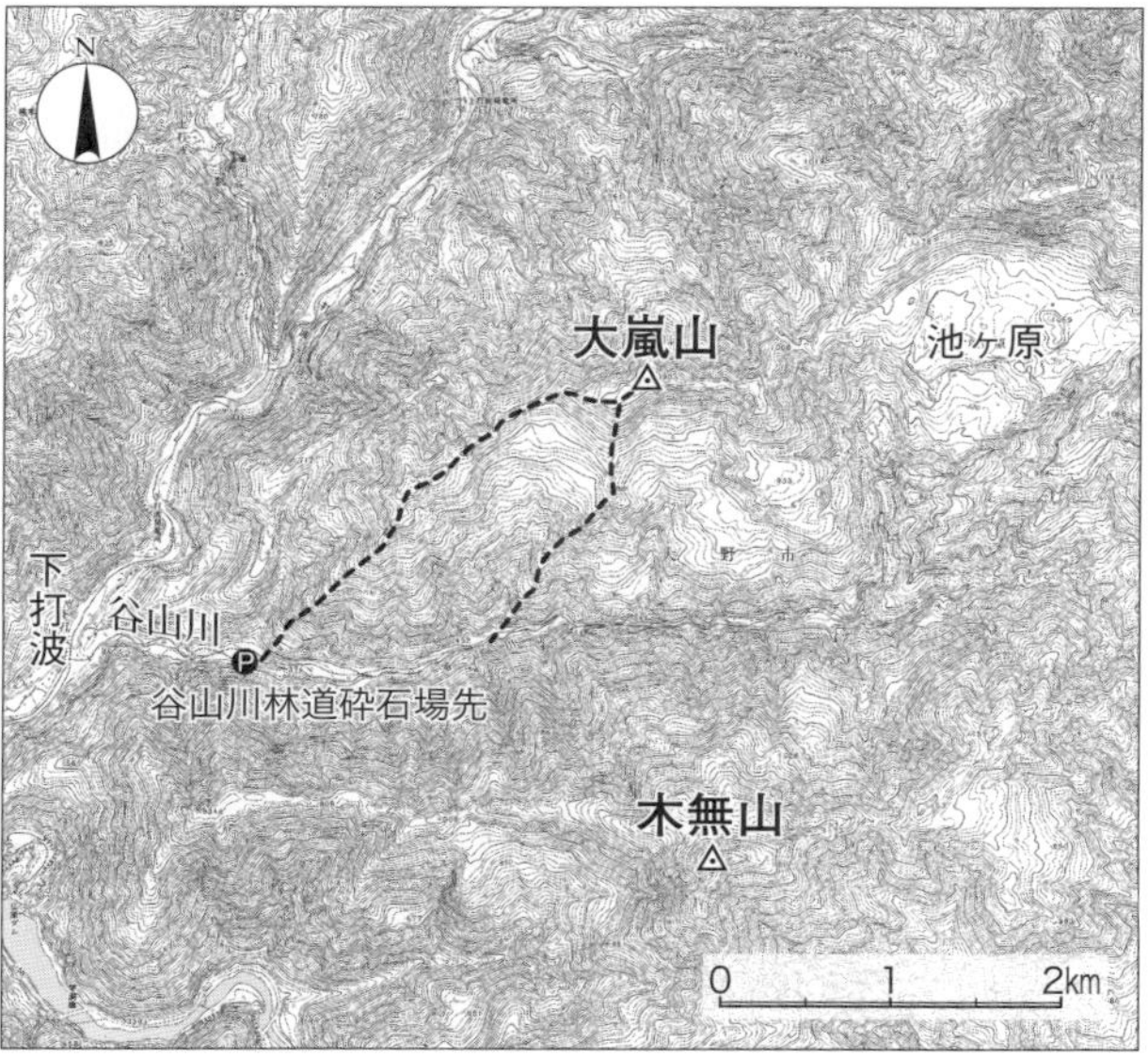

帰りは、南西に延びる尾根を、予定どおりくだることになる。ところがひろい尾根に、二万五千分の一地図に表現できないほどの起伏があらわれて、霧のなかで地図をながめ、磁石に合わせて、多数の意見がでる。霧のくらさで地図がみえない私は、飛びかう意見の圏外だったが、聞いているだけでなかなかおもしろかった。それでも、足をふみだしてみるとコースはみえてくる。

途中に峰が四つもあらわれてけっこう長い尾根だった。雪がみえなくなるころ、ササのなかにコナラの林がつづく尾根となる。ふたたびナメコの木があらわれる。私の場合はポリの袋がいっぱいになってしまって、ただみているだけだったが、五kgは採ったというひとがいたから驚き。大嵐山のナメコは香りたかく、味もよかった。毎朝の味噌汁で一月以上あったから、私も採っていたのだろう。

ぐぐっとくだって谷山川の林道にでる。三時三十分。もうすぐそこは、朝、車を止めたところだった。

九頭竜川の源流、徳平山

一一九三・一m

▼登山口　国道一五八号、大野市東市布

▼二・五万図＝白鳥

平成二十年の一月二十日に、徳平山《とくべら》にまずのぼり、頂上から尾根をあるいて岐阜と福井の県境にでて、そこからは東進、臼本山のちかくにきて県境をはなれ、尾根を北にながくくだって出発地にもどる、というコースをあるいてきた。

このあたり、九頭竜川の源流地帯は谷と尾根が、地図をちょいとみたくらいでは見当がつかないくらいに、こんぐらかっていて、地図と磁石をつかって、予定のコースをきっちりあるけたとしたら、それだけでたいへんなこと、と、いえることは確かだろう。とくに、入谷《いりたに》の源のあたり。

七時十五分、国道一五八号から、雪に覆われている入谷の林道をあるいていった。さくさくに雪は凍みている。空は一面の高層雲、日の光がなくて、うすら寒い雪山の景色だった。ここらあたりでは細い流れの九頭竜川をわたって尾根にとりつく。杉林のなかの、いきなりののぼりだった。私たちは、スノーシュー、かんじき、それにつぼ足でのぼってゆく。ぐっと一〇〇メートルあまりのぼると、杉はみえなくなって尾根のかたちがはっきりしてきた。八六二メートルの峰をこえ尾根をのぼり、標高一〇〇九メートルからのゆるやかな尾根をあるいてゆく。

おかしなもので、あたりの景色をみてゆくうちに、期待が胸にたかまってくる。この尾根には大きなミズナラが立っているはずだった。

雪の山で、どん、とみえてきたその木のちかくにきてみると、ミズナラは昭和五十七年三月十四日

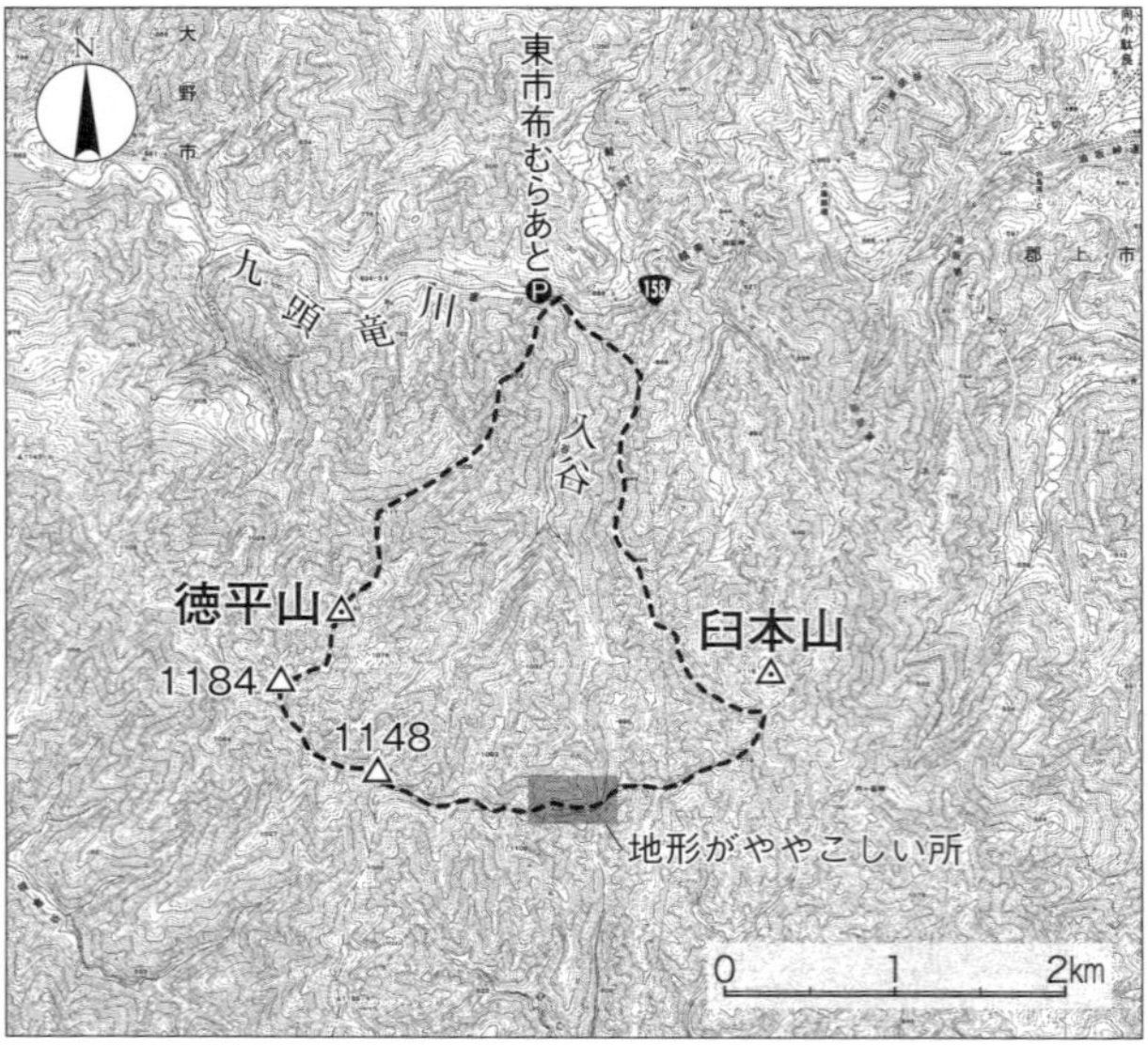

徳平山の大きなミズナラの下で

に、はじめて出合ったときと、まったく同じ姿でたっていた。そのようにみえた。はじめてのときから今日まで、四、五回この木の下にきていたが、いつも、姿はかわらない印象だった。これほどの木になると、昭和五十七年からの二十七年という時間など、とるにたりないものとなるのだろう。

頂上のひとつまえの峰につくと、あたりに木々はみえなくなって、眺めがさっとひらけてきた。空を覆いつくしている高い雲になじむ色合いで、御岳、乗鞍岳、北アルプスがみえている。もちろん、白山は御前ヶ峰の左に別山がならぶという形になって、白一色にひろがっていた。

突然、だれかが「つるぎがみえる」と声をあげる。目をこらして捜してゆくと本当だった。ちいさくつづいている白い北アルプスの北の果てに、黒い三角の山がみえている。まちがいなかった。ながめているうちに、早月尾根がうかんで劒岳の姿になる。むこうからこちらをみたら、徳平山がみえるのだろうか、まさか、それはないだろうと思った。

なんの変哲もない徳平山の頂上でひとやすみ。今日のこの山はのぼりの終点ではなく、ながい予定コースの、はじまりのようなところだったから、変哲もなく感じられたのだろう。一旦、尾根を東南にくだってゆるくのぼってゆく。このあたりにくると、尾根の所どころにヒノキがみえるようになった。時代を経ているけれど、そのぶんだけ風の影響をうけて高くなれなかったヒノキが、黒いかたまりになってみえてくる。

低いヒノキがかたまる一一八四メートルの峰にきて、南東にむきをかえ尾根をくだってゆく。すると、からだのどこかで方向感覚がはたらいて、帰途につく気分がうまれてきたからおかしい。まだ半分もきていないのに。とにかくみえてくる峰をこえ、すべらせるようにスノーシューをすすめてゆく。

のぼって一一四八峰で県境となった。これからは東進。峰をいくつかこえてゆくうちに、地図のうえでの位置がよめなくなるお手あげの状態になった。すると、まわりの山がそれぞれつながりもなく、奇妙な姿にみえてくる。ずっと昔、ひとにつれられて山にのぼっていたころの体験がよみがえってきた。小さな木々が立っている奇妙に思えた峰で昼になる。どこかさびしい気分。

食後、美しいブナの斜面をくだり、その勢いで峰にのぼる。そこで先頭のグループが地図を開き、頭を寄せあっているとみていたら、いきなり谷へ急降下をはじめたからおどろかされる。くだりに弱いスノーシューを、私ははずすほどの斜面だった。

県境の尾根をあるくというのに谷をゆくとは、と思いながら雪の谷をゆるくくだってゆく(あとで調べると、そこは入谷の源だった)。ますますわからなくなった、と思ういとまもなく、今度はいきなりのながいのぼり。そのあとに、県境尾根を横切っている送電線の下にきた。ここだったら雪の季節にきていて景色をながめているから、まわりの景色になつかしさがある。いちどに景色と地図がつながってくる。ぱっとしないというか、ぼさぼさ木がみえている雪山の景色がうれしかった。得意になって説明したように思う。

のぼって一〇七八峰をすぎ、ふたつめの峰にくると、臼本山(一一一五・八メートル)がすぐまえになってくる。空の色がくらくなってきていた。私たちが立つ峰と臼本山とのあいだの白い谷が、九頭竜川の源だった。夏にひとりでのぼったとき、水が滲みだしていて、これが九頭竜川のはじまりの一滴と思った笹原は、いま真っ白にみえている。

さて、この峰で鋭角に西にまがって、県境の尾根をはなれることになる。あとは、北にゆるくまがる尾根をくだっていった。はじめ尾根は平凡にみえていたのだが、くだるにつれて、おもしろさが重なりあってあらわれる尾根だった。おりてゆくにしたがって、小さな峰が次つぎにあらわれる。その峰のすべてが、古いヒノキに覆われていた。朽ちていて、どのくらい古びているのかわからない親株から、若い幹と寄生した広葉樹が何本も伸びている。峰にはさらにコウヤマキがあらわれる。

峰と峰のあいだの、ゆるやかな鞍部のあちこちには、幹の半分くらいが朽ちていて、しかもまだ生きているミズナラがたっていた。そして、その朽ちた幹からは、きまって、ヒノキ、リョウブ、ネジキなどが、植木鉢から伸びるように生えていて、似ているとすれば、盆栽でみかける寄せ植えの、巨大なものにも思えたが、もちろん、山のなかで出合った木々のかたまりの方が、迫力でもだんぜんまさっていた。思い返すと、昭和四十三年の九頭竜ダム完成のとき、このあたりの山の木々は、すべて伐採されたのだったが、尾根の古いヒノキや朽ちかけているミズナラは、不要としてのこされたのだろう。それが思いがけない景色をつくることになった。

尾根をくだるにつれて、峰でまっすぐに伸びているコウヤマキがさらに高くなる。寄生する木がみられなかったのは、この木の強さなのだろう。やがて、ヒノキの古株のあいだにシャクナゲがみえてくる。ほぼ同時に、ヒノキから生えているヤマグルマがあらわれた。

この日の山あるきの終わりの難所は、入谷をわたる所だった。私たちは、酒井さんの開発した方法でストックをつかい、急流をひらりひらりと跳びこえていった。

車の地点にもどるころ、雪がふりはじめる。二時四十五分だった。

冬の夜明けの冠山

一二五六・六m

▼登山口　国道四一七号から冠山峠

▼二・五万図＝冠山

平成十二年の十二月二日の夜に冠山《かんむりやま》にのぼった。気温は池田町でマイナス一度の夜だった。岐阜県境の冠山峠にむかってまっくらな山道を、ぐるりぐるりと車を走らせてゆくと、道わきの谷川からこぼれた水が黒く凍っていた。うっかりしていて車を横すべりさせてしまう。それからあとは黒くみえるところで気をつけたけれど。

峠に立つと、あたりはごうごうという風の音でいっぱいだった。みあげるとブナの梢をうすく隠すほどに霧があって、すばやく揺れているようだった。真上には星がいくつかみえている。ふかい闇の西の遠くには小さな灯りがすこしならんでいた。

歩きはじめると、土が凍っていることが判った。ふだんはやわらかなどろ土が、にぶい固さに変わっている。光を受けて現れてくるササの葉に霜がひかる。

やはりまわりには風の音がみちている。歩きはじめてかなりたったころ、風がおこしているざわめきのなかに、さきほどからぼんやり聞こえていたのだったが声があり、それが女の声であることに気づいた。四、五人の女性（中年らしい）が風のなかで話あっている声。たしかに聞こえている。

早起きのひとがいるものだ、と思ってしばらくたったあと、われに返るように思いあたった。

そんなことがあるはずがない。

振りかえるとひろがっている闇のなかに、山のざわめきがあるばかりだった。しばらく闇を見つめていたが、風が作る音のなかにひとの声はまぎれていなかった。

でも、歩きだしてしばらくすると、またもや山の音のなかに、はっきりと女性の声が聴こえてくる。しかし、そのあとは振りかえらなかった。夜の山のさまざまな音のいりまじりから、私の頭は解釈できる音声をひろいあげ、意識に知らせているのだろうと考えた。ひろいあげる方も意識も私になるが、ここは区別したほうがよさそうに思えた。

ブナの林のなかに雪が現れはじめ、やがてひとつづきの粉雪となるころ、みごとなくらい冠の形をした冠山が目のまえになってくる。

みあげると、はっきりしない形で白にそびえている壁のような山の雪は、ぱりぱりに凍りつ

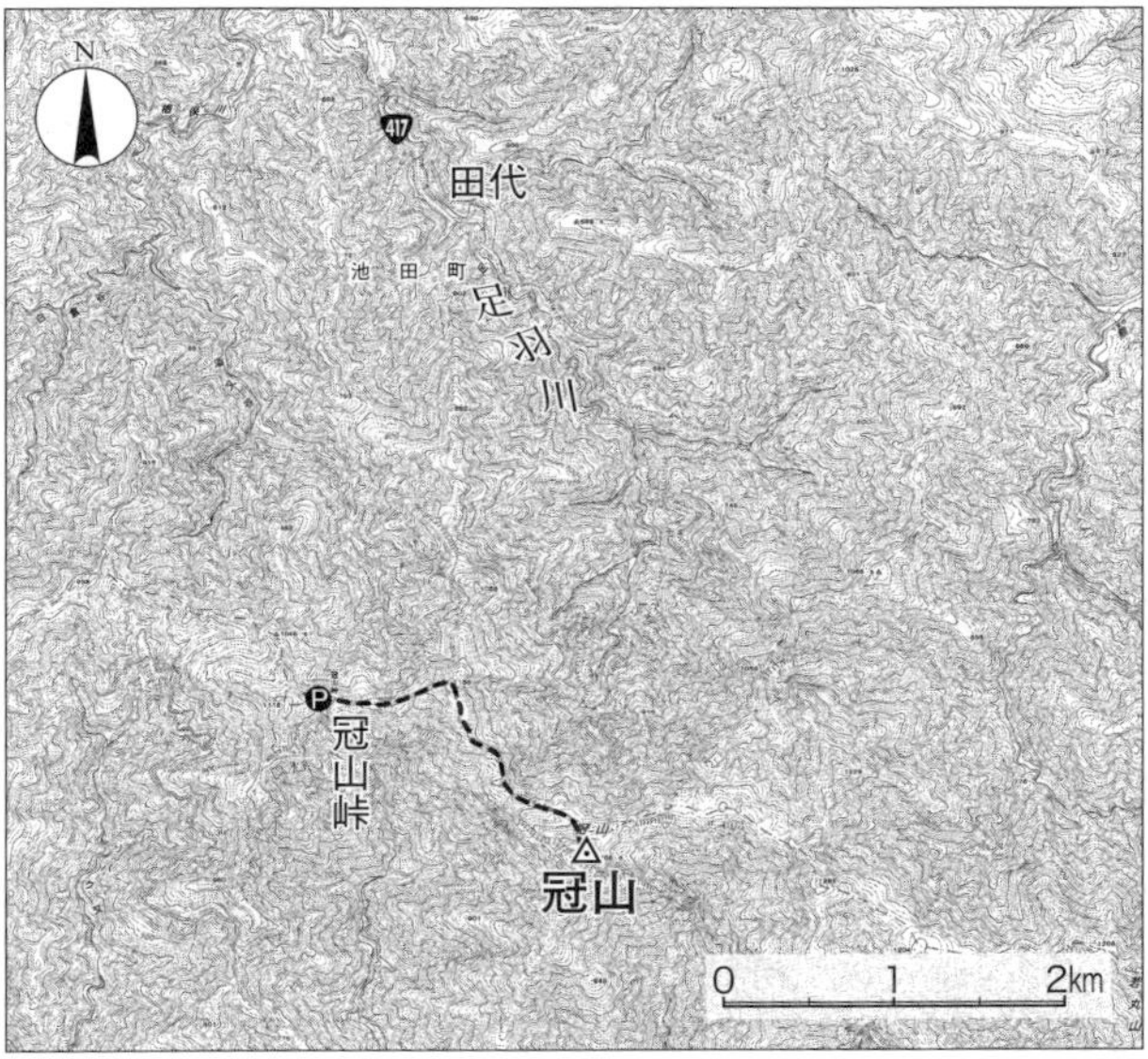

いているようだった。うれしいことにブナの梢をさわがせていた風は、霧を頂上へ運んでいない。

風にたたかれた急斜面の雪は、ほんとうに固くなっていた。うっかりしていると滑りおちる固さだった。だが、ここにきて夜の山登りの有利さがあらわれる。まわりがなんにもみえないから、この斜面がどこまでつづいているのかも気づかずにのぼってゆける。ただ最後の岩場では、岩を覆っているうすい氷に大いに緊張したけれど。

岩のほそい尖りの頂上にきて、まっさきに東をみた。今朝の目標の能郷白山《のうごうはくさん》(一六一七m)が、夜明けまえの白い空のなかに影絵になってみえている。ほんとうにうれしい眺めだった。そして、影絵の山体からこちらにかけては、はげしく波だっている冬の雲海だった。もくもくとして静かにひろがる夏の雲の海とちがって、あらあらしく動きをやめない雲の波濤から、霧がちぎれてとばされる。

たぶん太陽は能郷白山から昇るだろうという予想にしたがって、カメラの三脚を組み立てる。その短いあいだのうちにも雲の波濤は高くなり、影絵の山をかくすほどだった。

あかるくなるにつれて、頂上のまわりの樹氷に覆われたひくい木々が、はっきりと形をみせてくる。気がつくと、三脚からもカメラからも霧氷が伸びていた。霧氷はズボンのひだの峰からも手袋からも、みるみるうちに伸びてくる。目にはみえないほどにうすい氷の霧と、吹きすさぶ風のはたらきだった。風は足羽川源流の深い谷から吹きあげて、一瞬のうちにうすい霧を作ってゆく。

うっかりしていてその瞬間を見逃してしまったのだが、日の出まえのこと、気がつくと霧は消えていた。さっとどこかへ行ってしまっていた。雲海も波濤もすべてみえなくなっている。

ほぼ同じころ、能郷白山の右の空が金色にひかってくる。それからながく感じられた時間があって、日は能郷白山の右の峰「いそくら」のさらに右から昇った。今日はじめての日ざしには、びっくりさせられるほどに赤い光がまじっていた。冠山の樹氷がいっぺんに金とくれないに染まる。大忙しだった。日の出をいくつか撮り、くるりとむきをかえて樹氷の赤い輝きを撮る。

冬の夜明けのくれないのあざやかな光は、短い間のことだった。太陽が山の稜線をはなれるにしたがって、はじめは一気に、それからあとはゆるやかに、光は日常の色合いにかえってゆく。

冠山のちいさな谷

一二五六・六m

▼登山口　国道四一七号から田代の村跡
▼二・五万図＝冠山

平成二十年の三月に岐阜県との境にある冠山にのぼった。頂上に着くとほぼ同時に雲が低くおりてきて雪がふりはじめたから、遠くはたちまちのうちに隠れてゆく眺めだったが、細い岩の尾根の頂上にきたという感慨はたしかにあった。

そくそくと雪まじりの風が吹く寒い頂上よりも、はるか下にひろがっている樹氷のブナ林のほうがうす赤く暖かそうにみえている。そこでお昼はむこうにしようと雪の急傾斜をおりた。

ところが、林のなかにきてもやはり吹きさらしの山であることにかわりはなかった。いたるところで雪をまじえた風が舞っている。しばらく周囲をさがしたあとに、小さな谷川地形をみつけ、そのなかに一行七人が細ながくはいりこむことにした。谷の窪みにいても風は谷にそって吹いてくる。ときには斜面の雪がまとめて振りかかることもあった。

谷川の地形は福井と岐阜との境をつくる尾根に沿って、岐阜の方からのぼってきているらしい。

実はついさきほどのこと、氷の霧にかくれている谷の落ちゆくさきを眺めたとたんに、思いがけず胸に現れてくるものがあった。遠いむかしの夏に怪訝な気持ちでながめたゆるやかな谷は、このブナ林にのぼってきていたのかと、すんなり胸におちつくものがある。

考えると、谷の地形で気持ちをさわがせた夏の日から五十八年が経過していた。その年月のあいだ、地形についてのかすかな疑問は消えることなく、ぼんやりとしたわだかまりとなってのこっていたのだった。

＊

高校三年だった昭和二十六年の八月に、冠山にのぼることを思いたった。思いかえすと恥ずかしいことだが、そのころは自分をいっぱしの山屋と思っていたから、不安はなく、仲間を誘って二泊でのぼることにした。

バスで池田村の稲荷までゆき、あとは、足羽《あすわ》川上流でいちばん奥のむら田代への一五・六キロのみちを、あたりまえに歩いていった。惜しいことに、バスにはじまって田代までの記憶はすっかり消えている。さらに同行していたはずの仲間の顔も消えている。往時ぼうぼうということなのだろう。

山がすぐ近くまでせまっていて、気おされる感じがしていた田代では、なにかのおりには寺として使われる、むらの道場のまえにテントを張らせてもらった。ちいさな家ほどの道場だった。むらのひとについては覚えていない。ただ、すぐ隣の家の汚れたガラス窓ごしに、削りだしたばかりのお椀が、縄がけにして積まれているのがみえていた。木地師の仕事場らしいとおもったが、轆轤はまわっていなかった。

くもり空だったあくる日の朝、道場のすぐ裏からブナの立つ尾根をのぼった。

足もとは地下たびであるから、足どりは軽くどんどんのぼっていったことだろう。したがって記憶はのこっていない。途中から霧になった。

昼がちかくなっていたころ、冠山へ続くと信じていた尾根が水平にみえてきた。そろそろ頂上が近くなっているはずなのにおかしな所だと思った。見回しても、くらくなっている霧につつまれて様子はわからなかった。そのうち山みちがちいさな谷川にはいってゆく。おだやかで岩もみえない谷川だった。

尾根をのぼってきたというのに、さほどもおりないうちに道は谷川にはいってしまう。まったくおかしな気持ちになった。上流にむかってざぶざぶ川を歩いてゆくうちに、くらい霧から大粒の雨がおちてくる。そこでどのくらいのぼっているのか、見当もつかない気分をのこして山をくだった。

道場まえを、福井の大川にくらべればぐっと小さくなった足羽川が流れている。むらにむかう土橋にたつと勢いよい濁流の底から、ごとんごとんと岩が流れる音が聞こえていた。水で岩が流されることは知識としては知っていたが、音を聞くことは初めてだった。

それからあと、冠山にはずいぶんのぼった。記録をくれば数えることもできるだろうが、数えるまでもあるまいと思う。そのうちの何回かの登山の途中で、県の境の水平に近くなった尾根のあたりで、ささやきほどの水音に気づくことがあった。そのたびにたぶん、この水音が不思議な気持ちにさせられた谷川の正体だろうとは考えたが、やぶのなかに足をふみいれて、谷川をさがしにゆこうというまでにはならなかった。

遠いむかしの小さな谷川の記憶が、はっきりとのこっていたのは、山で感じていた疑問を、くりかえし思いかえしていたからだろう。

＊

今では足羽川の源の冠山までずいぶん近くなった。福井から田代のむらあとまで、道路は改良されて車で一時間はかからない。

昔は田代から冠峠をこえて岐阜県徳山村の塚につづく山みちが草かげに延びていたのだったが、現在は山越えの車道でむすばれている。さらに池田町にはトンネルで徳山村と連絡したいという計画があるという。人間はアリのように山のなかに道路の網をひろげてゆくものなのだろう。

冠山へは山越えの車道を利用すれば、峠からみじかい時間でのぼられるようになった。しかし、山に雪が積もっているあいだは道路は閉ざされてそうはいかない。三月、私たちは除雪終点の田代のむらあとから尾根をのぼることにした。五十八年まえに歩いた尾根だった。

田代までの道の山側にはずいぶん雪がのこっていたが、雪がずりおちる尾根の東斜面に雪はなく、車からおりて山の支度をした私たちは、低い木々に手をかけて、ブナが立つ尾根の背にのぼった。私の山のぼりの振り出しの地にきたといってもよいだろう。

よくみると尾根には古い山みちの気配がわずかに感じられた。高い木の下ではみちのありかが明らかになり、やぶにはいるとさっぱり判らなくなるという程度の気配だった。

太陽の所在がぼんやりみえるくらいの高層雲が、空をびっしり覆っている。地図をひらいての判断

触れるくらいにみえていた。

だが、標高が七〇〇メートルをこえたあたりから一面の根雪になった。さいわい大粒のザラメになった雪はかたく、さくさくと音をたててのぼってゆける。八五二メートルの峰にくると、越前と美濃の境にある大きな山がみえてきた。金草岳《かなくさだけ》、能郷《のうごう》白山など。本家の白山はうすい金色になって雲に頭が触れるくらいにみえていた。

尾根を横切っている車道(二メートルを越える積雪に埋もれていた)をわたって、さらに南にのぼると、すばらしく大きなブナが立つ尾根となった。仲間のひとりが、「どうして(伐られずに)のこったんでしょう」と、いったが、「たまたまかな」と、答えるほかなかった。福井の山で大きな木に出合ったときは、たまさかの運命で伐られずに生きてきたのだろう、とつい考えることが多かったが、そのくらい福井の山の木は伐られている。ひとは大寺院を建て、城を作り、橋をかけるために木を伐る。そしてみずからの家を木で作る。

まるく真っ白だった一〇五八メートルの峰につくと冠山がみえてきた。ほんとうに鋭く特徴のある山だ。のったりとした周囲の山からぬけだして、灰色の空にむかっている。うれしいことに、のったりとみえている山に立つブナは、一様にうすく濁った白にみえていて、樹氷の森となっていることがわかった。

ここにきて、あとは近いとみえた景色に落としあながまちうける。それまでのまるまるとしていた尾根がいきなりやせ細り切れおちていた。木々の枝を握ってくだり、霧氷をつけているシヤクナゲの下を這うようにまわりこんで尾根にもどる。地形がいちばん悪くなったところにヤマグルマがたっていた。ほかの木が嫌がる場所をこのむ、人間からみるとおかしな木だ。

ぐっとのぼって一一五六メートルの峰で岐阜との境にでる。まわりには樹氷のブナの山やまがひろがった。山深いところにきたという気持ちになる。鳥の声はまったくなく、谷川の音も聞こえない白い世界が遠くまでつづいていた。濃くなっているくもり空の下に、陰をなくした白い山がつらなっている。

いよいよ冠山を正面にながめて尾根を歩くコースになった。ちいさな峰を越えるごとに頂上は大きくそそりたって近づいてくる。樹氷の森をとおって最後のまっしろな斜面の下にでた。あとは一歩づつの急なのぼり。のぼりの終点の岩まじりの急所では、ピッケルが必要になった。

風に雪がまじりはじめる。

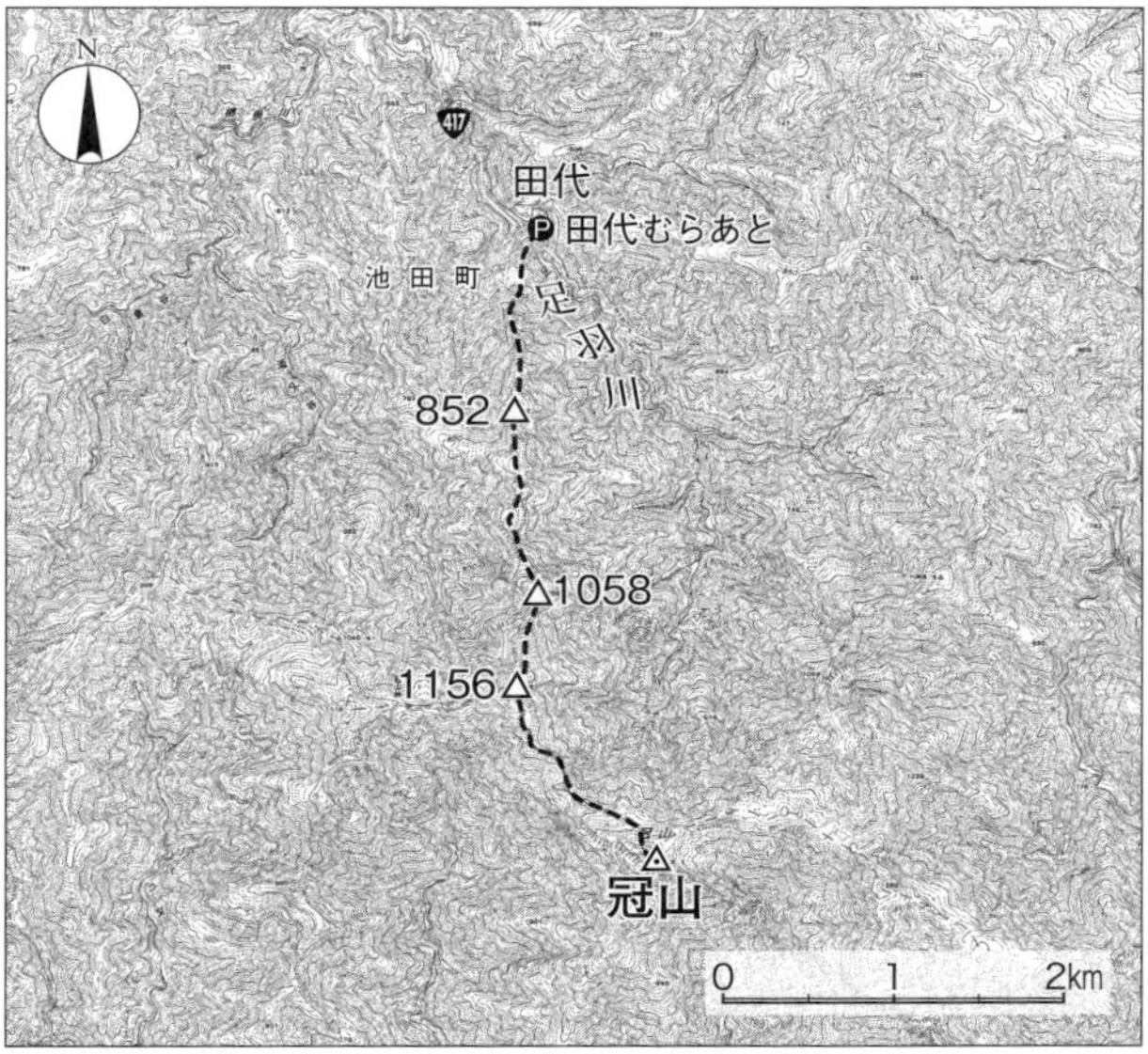

早春の山、桐ヶ平山から岳ヶ谷山

（桐）一二一八・二m
（岳）一一八二・四m

▼登山口　今立郡池田町水海から彼之又川分岐
▼二・五万図＝宝慶寺

このふたつの山は足羽川の上流、池田町で東に分かれてゆく水海《みずみ》川の源流にあって、熊ノ河《くまのこ》峠をあいだにして、ほぼ北南にならんでいる。

今、文章を書きはじめて、桐ヶ平《きりがだいら》という山の名前が、とつぜん、あふれだすように気がかりになってしまった。どうして「桐」なのだろうか。あの山の頂上ちかくには、たしかにいくつもの「平《だいら》」がある。平が重なるようにならぶおもしろい地形になっている。しかし、およそ標高一二〇〇メートル、平のぐるりはブナの立つ尾根となっていて、あたりまえのことながら桐はみえない。すると、本来は霧だったのだろうか。霧を好字の桐に替える。

なんだかおかしい、山の本で最初に「桐ヶ平山」を使ったのはだれだろう、と思い、調べてみると、『山々のルーツ・上杉喜寿』（福井新聞社）にあった。ただ、どこから山の名前が引かれたのかは書かれていない。

そこで、さらに山の名前が気になって、『福井から見える山々・熊谷太三郎』（品川書店）をしらべてみると、出ている。

緑谷山、三角点、一一八二・四米。呼称は福井市土木課から照会した上池田小学校長原義一氏の回答によるもの。ついでに此の山と熊河《くまこ》峠を挟んで相対する北方八田平山《はったんだいらやま》一名(戸ヶ平山)の称呼も同様であり、此等は何れも地籍の字名に基づくものらしい。

なるほど、八田平山。それならば地形にぴったりで、とてもふさわしい。そして『山々のルーツ』

桐ヶ平山

の略図にも、「八田平」と桐ヶ平山のすぐ西に記入がある。ずっと以前、八田平では焼畑づくりがあったかもしれない。

その一方で、とつぜんあらわれた「緑谷山」には困ってしまう。この名前はそうとうおかしい。まだ、岳ヶ谷《だけがだに》山と呼ぶほうがよい、とも思える。しかし、どちらにせよ「緑の谷に岳の谷」、日本中の山にあてはまる名前だ。地籍の名称ではなさそうに思える。

でも、思いおこすと、天下には「谷川岳」という名山があるから、緑谷山、岳ヶ谷山でよいのかもしれない。ということで、桐ヶ平山については、これからあと八田平山で文章をつづけることにする。

平成十八年三月二十六日、くもり、時に薄日あり。八田平山にのぼる。あと、熊ノ河峠より岳ヶ谷山にのぼって昼食、大黒の池の尾根をとおって出発点にもどった。

一行九人が車に分乗して、早朝、池田町の白いひろ野から水海の集落にゆくと、さいわい、山にむかって延びている林道では、除雪がおわっていた。のぼりの尾根の末端まで車できてしまう。

苦労もなしに、山の奥にきたものだから、いい気になって、昔のことを話してみた。

「豪雪やった昭和五十六年の二月のおわりに、桐ヶ平にのぼったけど、たいへんな雪やった。水海で三メートルぐらいあった。でも、雪のうえに出てまえば雪はしまっていて、わっぱで、そうがぶらずにあいてゆけた。まわりの山ではスギがおおかた折れていて、それはひどいながめやった。幹が縦に裂けているのや、ぱんとまふたつのものやら、いろいろ。それをみながらあるいていたら、雪みち六キロがそう遠くなかった」

七時ちょうどに、尾根末端のスギの林からのぼりはじめる。私はスノーシューにしたが、一同のはんぶんくらいはかんじきだった。雪はしまっているうえに大勢でのラッセルだから、先頭の順番まわりが順調で、どんどんのぼってゆく。のぼりのはじまりから注意していたが、見覚えのある景色はまったくなかった。すべて忘れている。これでは、昔この山にのぼったといえるのだろうか。

尾根の傾斜がゆるくなる。そのまんなかに大きなスギが立っていた。ようやくあらわれた記憶にふれる景色、大雪の冬のさなかでこのスギは、二、三の枝を落としただけで、まっすぐに立っていたのだった。山に自然に生えた木の強さに、あのときはほんとうにびっくりした。落ちていた緑の枝を雪のうえにかさねて、太い幹のまえで、ひとやすみしたくらいだった。

のぼるにつれて、北にまっ白の部子山《へこさん》(一四六四・六m)がひろがってくる。急なのぼりがあったはずだ、と思っているうちに、巣原峠からの尾根に合流する。あとは、ブナをならべている尾根が北から近づいてきて、頂上西の複雑な地形になった。のぼってゆくと平らになり、またものぼると平らになる。まさに八田平の山だった。うれしいことに、吹雪のなかで写したブナの木立ちがあらわれる。今日はくもり空で、まわりはよくみえているが、まえにひとりでのぼったときは、このあたり吹雪と霧のなかだったことを思いだした。

平の奥には平ありだったが、なにごとにも終わりありで平らな頂上にくる。のぼりはじめから三時

八田平山の頂上近く

間だった。

さっそく、わずかに雪庇となっていた東の端に立って、真下をのぞいてみる。はるか下には、雲川ダムのちいさな湖面が黒くみえている。雪の日にここまでのぼっていたんだ、と思った。あの日も湖面は黒くみえていて、そちらにむかって雪がくるくる舞いながらおちていた。

八田平山からみえた山、部子山、銀杏峰《げなんぼ》、荒島岳、縫ヶ原山、堂ヶ辻山、岩谷山、お伊勢山、中岳、屏風山、姥ヶ岳、温見峠、能郷白山、いそくら、杉谷山。ただし能郷白山はみえ隠れしていた。

八田平山の頂上から南にむかって、ひろい尾根を思いおもいにおりてゆく。熊ノ河峠のさきには白くてひらべったい岳ヶ谷山が、薄日のお天気のなかで、少し眩しく、少し低くみえていた。

固い雪になった峠への急斜面は、私の平地用のスノーシューには、きわめて不利なところだった。歯がたたずにすべりおちる(今は山用に買い替えているが)。あとは自然に止まることを期待して、流れるにまかせた。

真っ白だった熊ノ河峠から、ひとつのぼって峰をこえ、それからは大きな斜面をのぼった。ここにきて先頭から一行は、ばらばらに離されてしまう。みあげると、いちばんさきをゆく者は稜線にでて西にまわり、頂上ちかくを進んでいた。十一時四十分、岳ヶ谷山につく。

頂上から新たにみえた山、若丸山、冠山(平凡な姿)、金草岳(大きく立派)、その左にかすかに笹ヶ峰、西に遠く黒い日野山。

ここでお昼をたべて、北西への尾根をくだる。のぼりくだりをくり返す尾根は、所どころでひろくなり並列になって、なかなか複雑な様子だった。そのどこかに大黒の池がかくれていたのだろう。はっきりとはしなかったが、けっこう大きくなっている二次林のブナに囲まれた雪のくらがりがあった。

尾根の形がみえなくなるたびに、地形を見回し、二万五千の地図をひらき、磁石を合わせて、一同にぎやかになる。このまま尾根をまっすぐに、どこまでもくだってゆけば、水海のむらをこえて池田町の中心までへもゆけるのだが、九四一メートルの峰からふたつさきの峰で本尾根と別れ、出発地点ちかくにおりることになる。こちらは老眼で地図がみえなくおまかせだったが、どこにいても正確な地形判断だった。

ということで、ややこしく、たのしい尾根をおりてから、川を渡ることになった。これは道がむこうにあるのだからいたしかたない。勢いよく走り渡った。スパッツをつけていると、二、三歩までは水をしのげる。(岳ヶ谷山出発、十二時四十分、林道、十四時四十分、車地点・登りの屋根の取りつき点、十五時。)

板谷の頭のナメコ

一三八三m

▼登山口　国道一五七号から別れて小原
▼二・五万図＝北谷、加賀市ノ瀬

平成十八年の十二月二十三日に板谷《いただに》の頭《かしら》にのぼった。この山は福井と石川の県境にあって、取立《とりたて》山《やま》（一三〇七・二m）の東隣に位置している。また小原集落の西で滝波川から分かれて、県境にのびてゆく板谷の源となっていることから、このように呼ばれているのだろう。

日がいちばん短いころ、集合時間の六時十五分はまだ夜のうちだった。勝山であかるくなってくる。くらい法恩寺山に三つの灯りがみえていた。くもり空の七時四十五分、小原のしも手から石段の道をのぼり、今は杉の林の、段だん田んぼあとの尾根末端にはいる。そのうえからは畑地のあとがつづいていた。こちらも大きくなった杉林。

のぼるほどに尾根は細くなり、ササをまじえたやぶがつづくようになる。そのなかを低い木々を分け快調にのぼっていった。やがて、尾根の形がみえなくなる斜面にくる。ここで神尾さんは目印の赤い布を木につける。帰りのために。

やがて、木々の根もとに雪がみえてくるころ、低い雲のかげりのむこうに取立山がかすみながらみえてきた。

昭和二十五年の一月に取立山で遭難があったときは、山岳会でいちばんの捜索隊は炭焼き窯に泊まって、板谷の頭から取立山にむかったのだった。今、考えると東山の集落からの方がちかかったと思うけれど、やはり、スキー登山で土地勘のあった板谷の尾根をえらんでいたのだろう。当時、私は高校一年、捜索に参加といっても、むらのあいだの使い走りだった。

かすみがかかった取立山のこちら側に、黒い岩の壁がみえている。みているうちに、「取立の東には、大壁、小壁があって、あそこにいったらあぶない」、と話していたむらの人の声がよみがえってきた。あのときからずっと忘れていたのに、雪のあいだにならんでいる壁をみたとたんに、声がきこえてきたから、不思議なことだと思う。

のぼるうちに粉雪がふかくなって、九〇〇メー

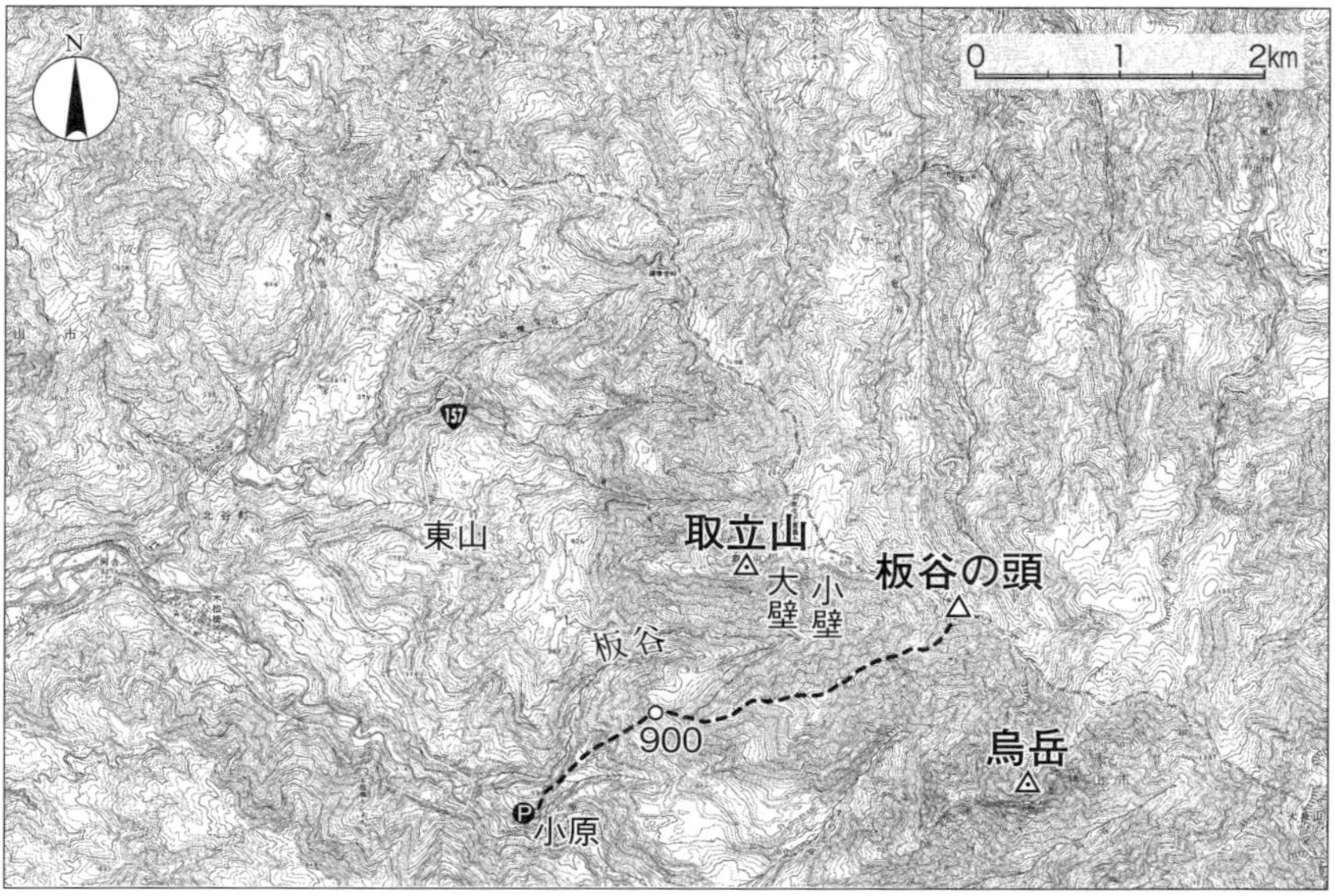

トルくらいでかんじきをつけた。風はつめたく冬山らしくなってくる。白のあいだに木々の立つ尾根の、ゆるいのぼりのうちにひろく雪に覆われた峰にくる。これからの尾根をみてゆくと、三段くらいに重なった白くゆるい峰のさきに、板谷の頭がみえた。「遠い」と、思われるながめ。その右には、鉢伏山から烏岳への尾根がつづいている。烏岳の黒い壁はやはりみごとだった。

さて、足もとからみてゆくと、峰からさきには、ながい鞍部があって、そこは木々で茶色にみえている。そのさきが頭への白い尾根。一旦鞍部におりてみると、ひくい木々の尾根にも雪がつもっていて、やぶを分けるということにはならなかった。そのうちに、粉雪の底に凍みたふるい雪が重なるようになって、先頭のあゆみにスピードがでてくる。とはいっても雪の少ない年の暮れ、木の根もとやイヌツゲのかげの落とし穴で、足をとられることがよくあった。

頂上へのぼりのあたりから、尾根はようやく白くかわって、あたりは冬山らしくなってくる。十一時四十五分に頂上についた。ちょうど薄日がさしてきたが、風にのって雪がながれるお天気だった。冬山のようであり、それにしては雪の少ない十二月の山。

風陰で雪のテーブルをつくっての、昼のあと、のぼりの尾根をおりてゆく。雪がみえているうちはコースがわかってよかったが、のぼりにつけた目印を回収してからあとが、むつかしくなった。尾根がはっきりしない斜面となって、コースがよみにくくなる。意地でものぼりのとおりにおりたいところ。左右の尾根のつづきぐあいを判断しながらの下降となる。

だが結局、(正)の尾根を右にみながらのくだりとなった。下には杉の林がみえているから、それたとしてもわずかだろう、という神尾さんの判断だった。

ところが、なにが幸いするかわからない。先頭があげた奇声に、「なにごと」とちかづくと、そこには黄茶色の木が三本立っている。幹にナメコがすずなりについたコナラだった。ちかくをみるとナメコの木が一本、さらにもう一本。とうとう、ひとりが一本ずつの木を抱くようにして、山の幸をいただくことになった。それぞれ約一kgの収穫をよろこぶ。

ナメコの尾根の末端は、朝の段だん田んぼの水引きみちと出合っていた。水路(いまは埋もれているが)の横のみちをたどって車道におりる。暮れかかる十五時五十五分だった。けっこうながい一日、おわりは笑顔の一日となった。

冬の権現山

一一四三・四m

▼登山口　ＪＲ北陸本線今庄駅から林道高倉峠線途中に駐車

▼二・五万図＝宅良

平成十九年十二月二十四日に権現山《ごんげんやま》にのぼった。

この時期福井では、雪はまだそれほど降っていないから、山を選ぶのがむつかしい。そうかといって、これまで、なんどものぼっているところには行きたくないし。ということで、今庄から奥にはいって、岐阜との境にある権現山に、北からの尾根からのぼることにした。権現山はけっこうのぼっているが初めてのコース。

ところが朝からお天気がわるい。待ち合わせていた山田さんは、傘をさして車にやってくるほどだった。乗り合わせて今庄にむかう。「けっこうな日になったね」、といって笑った早川さんをさらに乗せて、田倉川ぞいの道を東に走った。

瀬戸のむらをすぎると、道路の端にすこしまえにあった除雪のなごり、雪のかたまりがみえてくる。道の雪は、芋ヶ平のむらあと手前からはじまった。

藤倉谷の奥山を隠して雲が低くおりている。七〇〇メートルくらいか。スギの林をとおりぬけると、道一面が白くなった。四輪駆動に切り替えてぐんぐん走る。さらに雪が深くなってくる。車の力のみせどころ。まだまだいけると走っていると、突然、低い崖の下に雪崩が残した雪のかたまりがあらわれて、車の利用はおわりになった。

ときおり、雨にミゾレがまじってくる。山の用意をして、八時にあるきはじめた。これからさきの方向には、低く雲がおりていて、小雨でひろい景色がかすんでいる。道が藤倉谷の支流を、ぐるっとまわりこんでゆく向こうに、目標にしている尾根がみえている。それも、雲のなかからほんのすこし。

道路の雪は一五センチほどだった。あいかわらずで小雨が降っている。途中、水の多い滝をながめ、三十分で尾根にきた。

道路からササをひいて尾根にのぼる。予想していたが尾根の雪はわずかだった。ヤブツバキの葉のあいだが、およそ白くみえるくらい。その白いところを縫って、つぼ足でのぼっていった。

うれしいことに、のぼるほどに雪が多くなってくる。二十分ののぼりで三人とも、スノーシューをはくことにした。それからは、雪のあ

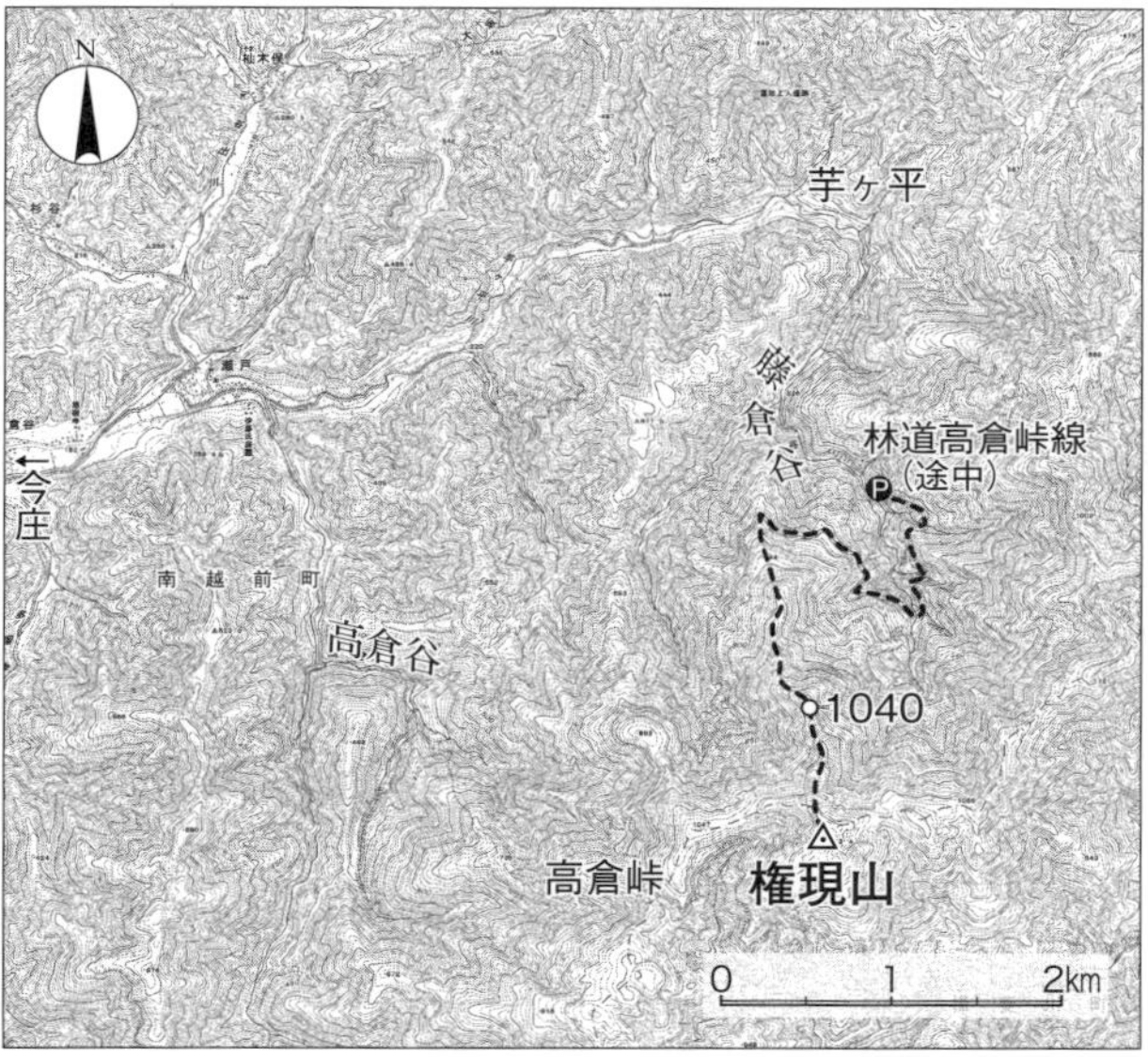

るところを見定めて、急斜面をジグザグにのぼってゆく。越えると、尾根のかたちがはっきりして、あたりは、ブナの美しい二次林となった。

さらにぐっとのぼると、ブナ・ミズナラの混合林があらわれる。このころ、雲のなかにはいった。それとほぼ同時に、小雨が雪にかわる。すすむうちに右の尾根からスギの林があらわれる。ここで、乾いてきた雪のなかで一休みした。風がでてくる。

あたりが真っ白になってきたから気分がよかった。スノーシューをふみだして、ストックで体を押しあげるようにのぼってゆく。すると、ぼんやりと霧のなかからあらわれてくるブナは、枝さきに霧氷をつけた大きな姿だった。元気がでてくる。

ひろくて丸い峰、けっこう雪が深くなってきていた一〇四〇メートルの峰にきて、びっくりさせられる。山の様子にきびしさがあらわれていた。

このさきで、尾根が突然、細くかわっていた。尾根の変化は二万五千の地図にはみえないのだが、峰からさきには、一気のくだりがあり、その向こうに、急なのぼりのとんがった峰がうすぼんやりとみえている。それからあと、一旦さがり、ぐっとのぼったところから、尾根はつづくようであった。

長年のうちに、両方の谷からの浸食がすすんで、このような痩せ尾根となっているのだろう。

地形に感心ばかりもしていられないので、急な細い尾根を、スノーシューをさばくようにあやつってくだり、とんがった細い峰を越える。そのさきでは、さらに細い尾根とかわって、真下の白い谷が遠くみえ、いやはや緊張させられた。一気のくだりのそのさきをみると、尾根にせりあがるところがみえている。上にゆくほど急になっていて、雪の壁にみえていた地形の急所は、早川さんが先頭で、壁を左に避けて右にトラバースし（三月だったらピッケルが要るところ）、尾根にもどった。

このこのぼりでは、まだ雪がすくなくて、顔をだしていた小さな木々にたすけられる。小枝をにぎってのぼりつくと、尾根はふたたびゆるやかになった。風のなかの樹氷のブナ林となる。ゆっくりとしたのぼりのなかに、二重山稜のブナの尾根があらわれる。ブナ林独特の冬の景色。なかなかよいところだった。

さていよいよと、注意していたのだが、岐阜との県境にはいるところは、確認できなかった。西に分かれて、高倉峠《こうくら》につづいてゆく尾根が、吹雪のなかで、ここだとはっきりみえなかった。

いつのまにか木々が低くなっている。ほぼ白くかわった尾根が重なるさき、灰色の空とまぎれるように、権現山の頂上がひらべったく、吹雪にかすんでみえてくる。頂上ちかくにある自然のスギの、ちいさな黒いかたまりが点てんとみえていたから、まちがいなかった。

木がなくて、吹きさらしだった頂上に十一時二十五分につく。灰色の霧で、周囲はほとんどみえなかった。寒いから立ったままであたりをみまわして、すぐ戻り、林のなかで風を避けてひるにした。ガスの火でお湯が沸きはじめると、緊張がほどけてくる。

のぼりの急所は、くだりも急所と思っていたが、きてみると、それほどでもなかった。トラバース地点に木があったことによる。それに、お天気もよくなってきていた。二時三十分、車のところにもどる。

帰り、田倉川の入り野から、平野にむかっておりてゆくと、お天気はうそのようによくなっていて、晴れの夕方がくるようだった。

近隣の山々が眺められる松鞍山

一四一九・三m

▼登山口　県道上小池線中洞
▼二・五万図＝願教寺山、下山

平成十六年の四月九日に松鞍《まつくら》山にのぼった。はじめは、松鞍山をこえて、びわくら山（一五一八m）までゆくつもりでいたが、松鞍山にきてみると、びわくら山は遠くていっきに高く、行ったはいいがとても帰れないと、いっぺんにあきらめたのだった。

前日は黄砂がただよう日だった。それが夕方になるとうすれてゆき、八時ごろには星がみえてくる。

もちろん、九日は快晴の朝になった。神尾さんの車に乗せてもらって、下打波《しもうちなみ》の桜久保をとおりすぎてゆくと、赤兎山にスキーでのぼるといっていた仲間の車が、はやくも道の端に止めてある。「まっくろの山ではないか」と、私たちは笑いあった。彼らのコースのとっかかり、しようつ山への尾根に雪はみえなかった。（でも、帰りの道で出会って話を聞くと、雪の状態がよく、すばらしい一日だったといっていた）。笑ったことを訂正。

さらにすすんで、中村に渡る橋の手前にくると、道のまんなかに大きな機械が止めてある。春の打波川には、大勢の釣り人間や山人間がやってくるから、困ることもあって、とおせんぼしているのだろう。

歩いてもわずかだからと、私たちは中村から中洞《なかぼら》へアスファルト道をあるいていった。中洞はけっこう家がのこっているけれど、雪のあるうち住むひとはいないようで、家のまわりには、まだ一メートル半ほどの雪があった。

松鞍山

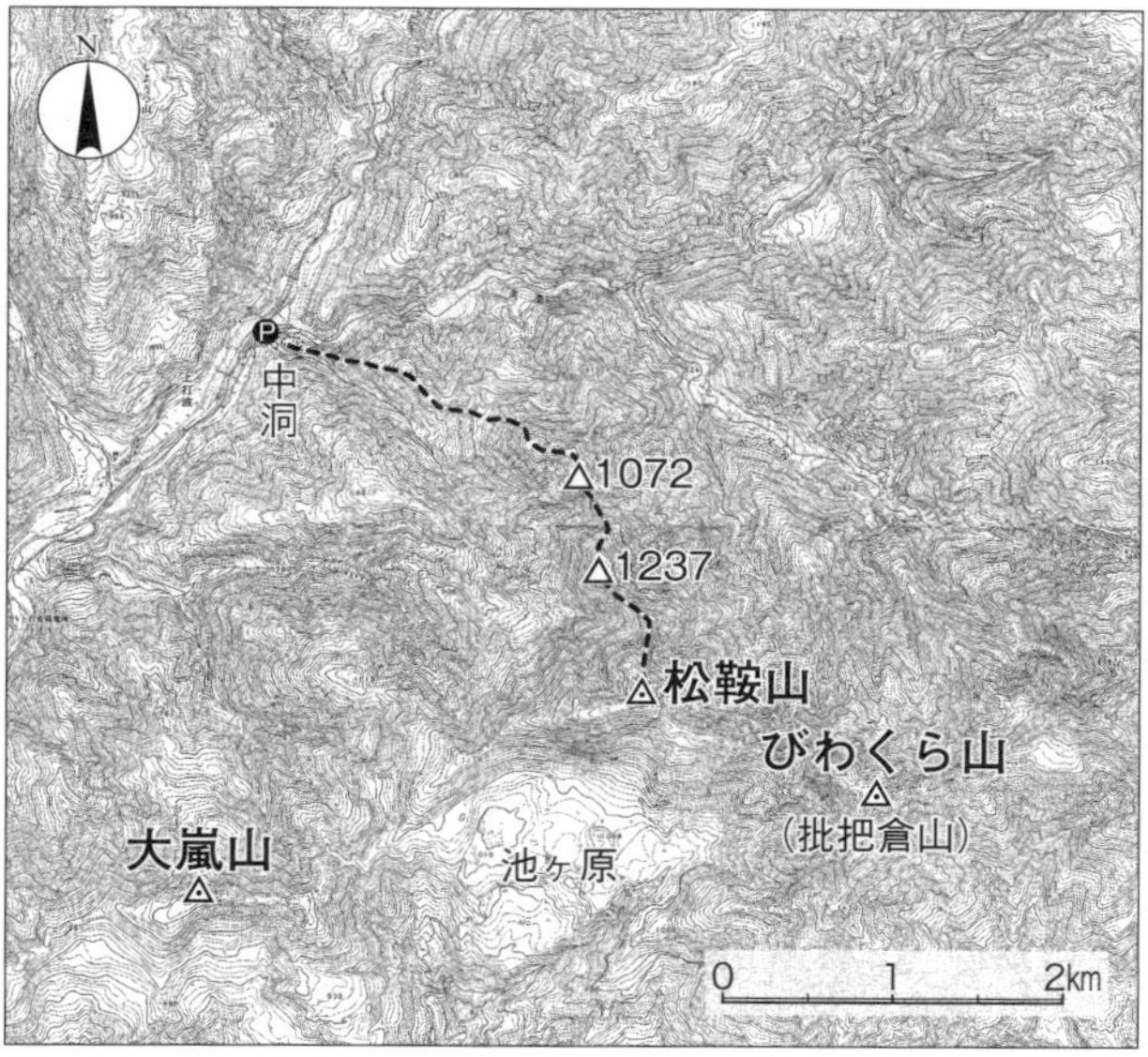

七時三十分、むらのかみ手にあった神社に参拝して、社のうらから、スギの林の尾根をのぼる。二五〇メートルほどを、つぼ足でぐっとのぼって七三五メートルの峰につくと、あたりはブナの立つ尾根にかわって、ヤドリギをつけたブナ大木に、ちょうどうす日が差してきたところだった。

打波川の瀬音がいつのまにか消えていて、山が静かになっている。私たちはかんじきをつけ、静かな山のブナの森をのぼっていった。やがて、のぼるほどに尾根は急斜面にかわってゆく。あとは、ぱりぱりに凍っている雪に、かんじきをけりこむようにのぼった。斜面は西をむいていて、日の差さないところだった。おわりの急所にかかるころよりピッケルをだしてのぼる。

かえり、この斜面はグリセードで一気にすべりおりるからね、とたのしみだった。グリセードは登山靴で固い雪をすべる方法で、晩春の山のたのしみのひとつ。

神尾さんに差をつけられたけれど、堂どうと、大きな木がならんでいる平らな峰にくると、三方に山がみえてきた。

びわくら山にはじまって、北の方をみてゆくと、白く端正な小白山《おじろやま》、大きな野伏ヶ岳《のぶせがだけ》、よくみると薙刀山《なぎなたやま》、それから日岸山《ひぎしやま》とつづいていって、さらに高く別山、白山となっている。ここから西にまわって、横にのびて白い赤兎山、ごつごつしている経ヶ岳。荒島岳には霧がかかっている。年月のあいだに、いろんな記憶がかさなったなつかしい山の眺め。

それではと腰をあげ、一〇七二メートルの峰をこえてゆくと、急なくだりがあらわれて、ここはつぼ足でくだった。

おりたところから、いよいよ松鞍山ののぼりになる。尾根をひたすらたどって南北にほそながい一二三七メートルの峰にでると、いよいよ松鞍山が、大きなかたまりでせまるようであった。日はむこうから差していて、黒い岩場をまじえたこちら側は、青白い雪の壁にみえている。

　シナノキの大木があらわれて、山の景色がきびしくなった。尾根のゆくえをみあげると、深い青の空にむかってせりあがってゆくさきに、大きな雪の庇がみえている。庇のところだけ影になって、雪と空の境に、真っ黒な帯がつづくようにみえていた。

松鞍山から小白山を見る

松鞍山の尾根に出る

　尾根をのぼってゆけば、庇の真下。そこで神尾さんは、右斜めにむきをかえ、尾根からはずれるコースにでる。今日いちばんの急所になる。空にむかってのぼるようだった。追いかけるこちらは、一歩のぼるたびに、片手を目のまえにある雪の壁に差しいれて、体のバランスをとってのぼった。

雪の庇の端を越えてゆくと、また、あたりはゆるやかにかわった。粉雪で真っ白にひかる尾根がゆるくつづいている。あるいてゆくうちに頂上にきた。十一時十五分だった。

東をみると、頂上から一旦くだった尾根が、上下しながら白くつづいている。そのはるかむこうで、尾根はびわくら山へぐんと高まっていた。その、「ぐん」のところがいやに急峻にみえている。

「びわくらまで、まだだいぶあるね、ここでおわりにしようか」、そういうと、神尾さんは、「あと、一時間はたっぷりかかりそうですね」といった。

雪の松鞍山のてっぺんは、いかにも頂上らしいところだった。南には、池ヶ原が白いひろがりとなってみえている。

なんといってもの眺めは、きれいな姿になった小白山だった。三ノ又谷から、白い尾根が頂上にむかって、美しく、ほぼまっすぐに延び上がっている。

「あそこ、のぼってみたいね」と、話あった。

くだり、のぼりの急所はわずかな注意でおりて、たのしみにしていた急斜面にくる。いよいよ、グリセードのはじまり。

ところが、西向き斜面の雪は、陽気でぐさぐさになっていた。いっぺんに足をとられる。あとは、もういちどかんじきをつけてくだった。

四月の姥ヶ岳

一四五三・六m

▼登山口　ＪＲ越前大野駅から巣原
▼二・五万図＝冠山・能郷白山・宝慶寺

平成十七年の四月六日に姥ヶ岳《うばがだけ》にのぼった。よく晴れた空のもと、真名川の人造湖にうつったまだら雪の山をながめ、ほんものをみあげながら巣原橋にくる。橋をわたってこれからさき、車でどこまではいれるかが問題だったが、橋からすぐのところで、道は残雪に覆われていた。みれば雪が覆うところは短い。そこは四輪駆動ですすんだが、つぎの残雪で車は動かなくなる。あとは歩くことにした。

歩きだしてわかったが、スギの林の巣原のむら跡は、まだたっぷりの雪に覆われていた。道がぐるっとまわるところにあった学校から東には、中岳（一一四一・九メートル）につづく、平家平ほどもある平があるのだが、今はスギの林にかわっている。林のしたくらがりをのぞいてみると、かつての畑の跡もざらざら雪に覆われていた。

むらのなか、杉の葉っぱが散らばるざらざらの雪は、凍みていなくて、つぼ足で歩くには具合がわるい。

むらを過ぎて、杉の陰をぬけてゆくと、春の日ざしでぱっと眩しくなって、アスファルトの林道がつづくようになった。巣原谷川の瀬音がたかく聞こえてくる。プラスチックの靴や固い革の山靴で、二人はかつかつと響く道路を四十分あるいた。

崖のはるか下を流れていた巣原谷川が道にちかづいてくる。そのころには、あたりがあかるくひらけて、平家平のとっかかりがみわたせるようになった。ひろびろとした平に朝の光が斜めに差している。平にある起伏が光と影になって、あざやかにながめられた。

橋をわたったところで、早川さんと私はスノーシューをつける。凍みた雪のうえを、まったくもぐらずにさくさくとのぼっていった。山にはいっての歩きはじめでは、平家平の林道がみえるようであったが、ぐるぐる遠回りしてゆく林道をそれ、ほぼ巣原谷にそうように、まっすぐのぼった。とはいっても、平には複雑に谷がいりこんでいるから、そう簡単ではなかったが。

平家平の境の尾根が近くなってきたところで、雪の斜面に林道のかたちがみえてくる。そこで、尾根と並行に南西にのびてゆくその林道を追うことにした。日は尾根のむこうから差して、雪のうえに木々の影がながく、縞をつくって伸びている。影を横切ってゆくと、サングラスの視野のまわりがちらちらする。

雪の斜面に道の姿がみえなくなったところから、尾根をのぼった。みえてきたブナの林の様子から、夏の山道の、ブナ林の名所とわかってくる。雪がとけるとこのあたりは一面オウレンの畑になるはずだ。

振り返ると、うしろには白く光る山々。とにかく銀杏峰《げんなんぼ》と部子山《へこ》が大きい。ぐるっとみてゆくと、うすい黄色の白山が、奥ふかくいちだんと高くみえてくる。

ゆるくのぼっていって峰というより、真っ白の平らにでると、姥ヶ岳が正面にぐんとひろがっていた。みればみるほど大きな斜面となって、こちらに延びてきている。木がすくなくて、白の割合がはるかに多い斜面だ。このようにゆるやかな山容の姥ヶ岳は、山にかこまれて暮らしたひとたちにとっては、なくてはならない山だったことだろう。木のすくなくなっている斜面が、そのことを、今も物

姥ヶ岳のブナ林

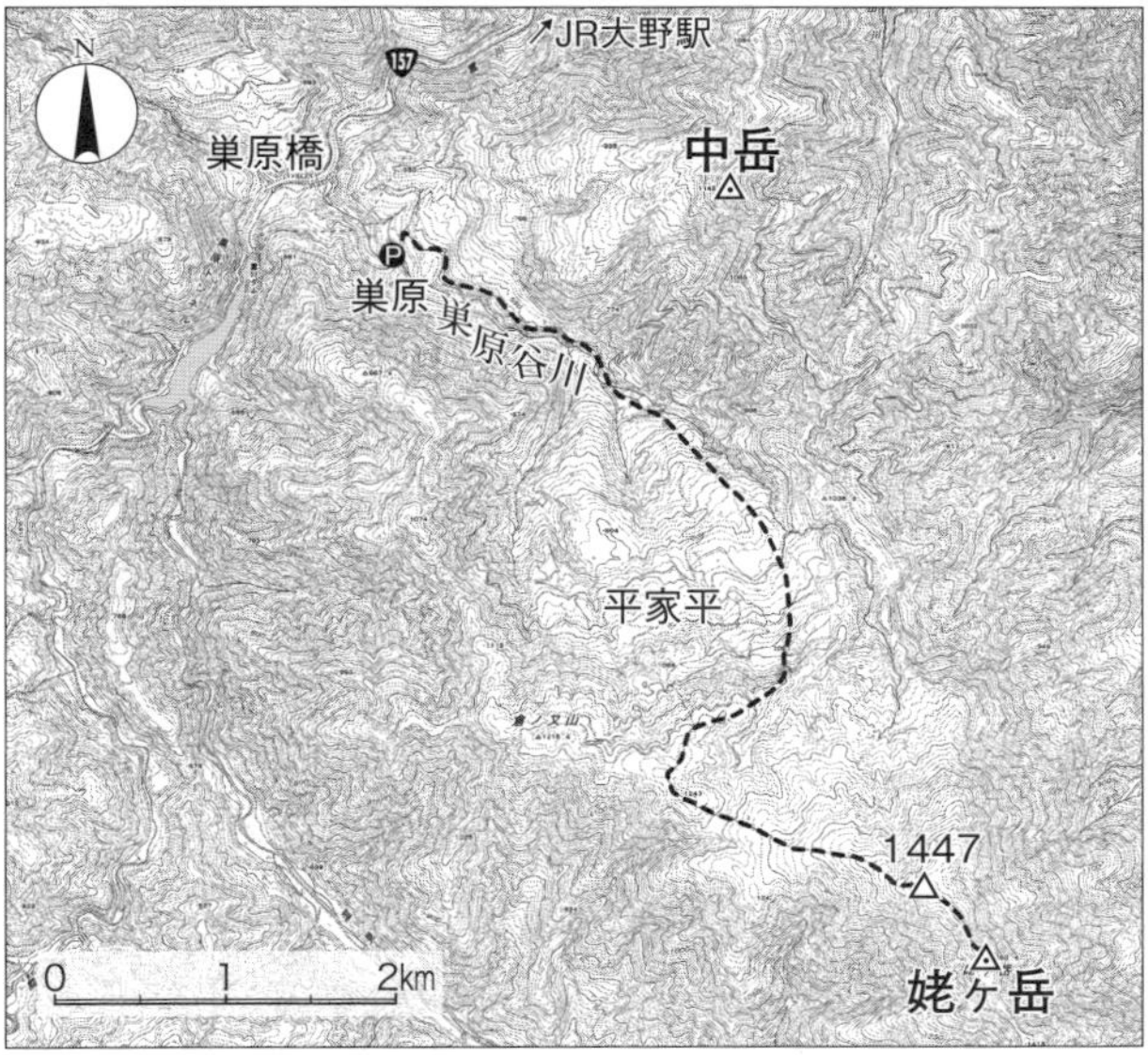

語っている。

凍みた雪がみえなくなって、雪がやわらかくなった。スノーシューが沈むようになる。そこで、すすむにエネルギーが必要になる先頭を、交代しながら歩いていった。峰をひとつこえ、一旦くだって、あとは一直線にのぼってゆく。けものの足跡があまりみえない、と思っていたら、すこしさきの浅い林から、テンが駈けだしてくる。私たちには気がつかなくて、ぴょん、ぴょんと、たのしむような走りだった。でも、カメラのためには止まってくれない。

スキーの杖で一歩ずつ、身体を押しあげながら、一三〇〇メートルくらいまでくると、木々の肌に赤い色がめだってきて、ダケカンバの林となった。一四四七メートル、頂上とほぼおなじ高さの北の峰からは、雪の様子が冬山らしくみえてくる。雪に風の模様がのこっているから、すこし冷たくみえるのだろう。雪の陰が青い。しかし今日は、風が気にならないお天気だ。

ゆるいくだりのさきで、かたちのいいブナの林をとおり、ゆるくのぼって頂上にくる。一一時二十分、歩きはじめからちょうど四時間だった。

頂上でみえた山、能郷白山、磯倉、杉谷山、若丸山、斜めにみえる冠山(小さい)、黒い岩肌でりっぱな金草岳、真っ白にながい笹ヶ峰。

逆転して、屏風山、お伊勢山、岩谷山、堂ヶ辻山、縫ヶ原山、荒島岳、白山、経ヶ岳、大日岳、銀杏峰、部子山、八田平山、岳ヶ谷山。ほぼみんな、夏冬ともに、あちらこちらからのぼっているからみているとうれしくなる。ひとつひとつの山を、尾根をたどり、谷をたどってながめていった。早川さんと山をながめ、昔の山のぼりを思いだしていると、話はつきない。

十一時五十分、頂上出発、のぼりのコースをくだった。えんえんとラッセルがつづいているから、考えることもなくおりてゆける。ところが、平家平にはいったとたんに、ラッセルはみえなくなった。朝の凍み雪に刻んだスノーシューのかすかな跡が、今日の陽光できえている。

くだりでも、平家平は地形の複雑なところだった。尾根をみさだめてくだっていても、谷にきてしまう。お天気がわるいときは困るところだろう。私たちは、偶然、山みち入り口の看板のところにきて、あとは林道をショートカットするようにくだり、橋でスノーシューをはずした。

朝よりひときは大きく聞こえる沢鳴りのなか、フキノトウを採りながら、アスファルト道を、かつかつと音をたてて歩いてゆく。

車の地点着は十四時四十五分だった。

手倉山の尾根の穴を確かめて上谷山へ

一一九六・七m

▼登山口　南条郡南越前町広野
▼二・五万図＝板取・広野

三月に、日野川上流の集落、広野から手倉山（一〇三七・一m）にのぼってきた早川さんと山田さんが、口をそろえて、

「尾根にびっくりするほど大きな穴があった、とても不思議だった」、「とにかく、すっごくおおきかった」、という。

そこで、雪がきえるころをみはからって、平成二十年の四月二十日に六人で上谷山《かみたにやま》にのぼった。穴を見ることもひとつの目的だった。山にのぼる動機としては少々おかしい。

くもり空の朝、七時二十分、広野のお寺の横から石段をのぼった。石段の両側の杉林のあいだには、ゼンマイが綿毛をひからせてならんでいる。境内だから、採るひとがいないのだろうか。ここはがまんのところと考えた。ことわってきたが、お寺のすぐちかくに車を止めてきたのだから。

石段からさきは、芽吹きの木々にかくれそうになっている古いみちを追ってのぼった。ながい時間のうちに深く刻まれたみちは、きえるとみえてまたあらわれ、ひろい尾根にゆるくつづいてゆく。たぶん、炭焼きが盛んだったころのみちと思われた。森からイカルの声がながれてくる。倒れて朽ちか

けていた、テレビの小さな共同アンテナのさきで、みちはササのなかにうすれていった。

のぼっているのは、上谷山から北にまっすぐ延びているひろい尾根だが、雪のない季節にきてみると、地形は複雑だった。屈折し、起伏がかさなりあってつづいている。そのうえに、ぎっしり茂った背よりもたかい、ネマガリダケのやぶを分けてのぼってゆく。雪があるときとは大ちがい。

それでも少しずつ雪がみえてくる。すると、もう残雪をめざして、尾根の白いところを縫うようにのぼった。地図の九〇〇メートル標高線の、わずか手まえくらいのところに、その穴はあった。

手倉山の尾根の穴

ササに覆われているひろい尾根の、やや東側で、直径七、八メートルくらい、深さは四、五メートルで、尾根の地面がすとん、とおちている。ササを茂らせたままに。穴の側面は刃物でまるく切りとったように、するっとした土の壁。どうながめても、地面がどしん、とおちたとしか思えなかった。

底におりてみると、土は固く、水にあらわれた様子はなく、やはり、どしんを印象づけられた。こんなことがあるのかしらん。尾根のうえだから、地下水はないだろうね。

「わからないね」と、いいあって、どこかうやむやの気分のうちに、さらに尾根をすすんだ。ひろくなった斜面をのぼって、雪のあいだに岩がみえていた手倉山につく。穴のところでは日差しがみえていたのに、空には雲がひろがってきていた。

あとは気持ちよく雪のブナ林をつぼ足でのぼってゆく。頂上のひとつ手前の峰にでると、上谷山が横にながくなってみえてきた。そのまんなかに雪の尾根がのぼっている。それではみえている尾根まで、雪はつづくだろうとかるく思ったが、そうはいかなかった。

日があたる峰の南では、かなりの距離、雪が消えていて、ネマガリダケにまじった堅い灌木になやまされる。おわりのところは、ササをにぎって急なくだりをゆき、鞍部からあとは雪稜をのぼる。やがて、あるいてゆくほどに、やれやれ、雪の尾根はゆるくかわっていった。

低い木々がかたまってあらわれていた頂上に、十二時二十分についた。三角点はササのなか。ちょうど五時間ののぼりだった。この時間は、やぶの抵抗になやまされた結果といえるだろう

気がつくと暗いくもり空になっていて、なにもかもが灰色にみえている頂上は、吹きさらしだっ

た。これではたまらんと、県境の雪の尾根を西にくだった。どこかに、おひるによい場所はないかと、灌木を避けながらすすんでゆく。すると、尾根の北側に伐採地があらわれる。その下には林道がみえていた。少し顔をだしていた道の端でひるにする。一時だった。

すぐ出発、林道は、のぼりの尾根に並行している西となりの尾根に延びていた。これだったらおりてゆけば、広野からいちばん近いむら橋立にでる。やがてゆくほどに、雪はきえてゆき道のまわりは、イワウチワの花の群れとなった。写真を撮りながら、にこにこ顔であるいてゆく。それが、道の様子にどこか、はっきりしないところがみえてきたと思っているうちに、九〇〇メートルくらいで、突然、林道はゆき止まりになった。

これにはおどろいたが、それならしかたがないと、コナラ林のなか、ササのやぶを分けてゆくことになる。がさがさとおりてゆくと、こちらもひろい尾根であるため、本尾根と枝尾根の分かれに、気をつけるところが二回あらわれる。が、とにかく、磁針北でおりていった。

七〇〇メートルちかくで、尾根に、みちのなごりがかすかにみえてくる。そのみちを追ってゆくと、たちまち、深い溝の古いみちとなっていった。タムシバの花の林があらわれる。尾根末端の杉林でみちはきえてしまったが、まっすぐにおりていって、四時五分、橋立にでた。

いくども登った庄部谷山と野坂岳

(庄) 八五六・一m
(野) 九一三・五m

▼庄部谷山の登山口　三方郡美浜町新庄
▼野坂岳の登山口　JR小浜線粟野駅から野坂岳いこいの森
▼二・五万図＝敦賀・駄口・三方

庄部谷山は、美浜町新庄の東にある山。千メートルをこえる山のない若狭では、けっこう高い山になる。順番からいうと第六位。初めてのぼったのは昭和五十九年の三月だった。

なにしろ、越前には千メートルをこえる山が八十くらいある。そちらの山の夏冬にかかりきりになっていて、自分の山のぼりの歴史でみると、庄部谷山《しょうぶだにやま》はかなりあとのほうになってしまった。

江戸時代に書かれた書物に、すでに野坂山《のさかやま》と出ている敦賀の名山、野坂岳にのぼったのはさらにおくれて、昭和六十一年の一月のことだった。名山に敬意をこめて、山のぼりには少し難しくなる一月を選んでいたのだろう。

考えてみると、庄部谷山にのぼった昭和五十九年は雪の多い年だった。耳川にそって車を走らせて新庄までくると、雪は三〇センチくらいあった。それがみな新雪。水力発電所のさきに車をとめて、道の端からスキーでいきなりのぼった。

枝さきにふわりとのった雪で真っ白になっている林のなかを、キックターンを繰り返しながらの

南から見る野坂岳

ぼってゆく。白くひらけたところにきたとき、遠くから子どもの遊ぶ声が聞こえてきた。女の子らしい。みると、隣の尾根の木々のうえにサルの群れがいた。数えると、十数匹はいる。サルの声はひとの声に聞こえるのだ、と思った。しかし、サルと気がついてながめていると、ひとの声には聞こえない。

ふり返ると、耳川をはさんで、背中の方角にさきほどまでひろがっていたふたつの峰の雲谷山が、黒い雲にかくれていた。しばらくすると、黒い雲は降る雪のすだれをひきながら近づいてくる。やがて林は霧のなかにうすくなり、雪が横にふりはじめた。

ブナの林をのぼって木々の立つ白い峰に出る。ふりかかる雪のむこうに、庄部谷山がみえてくる。南北にながく尾根を延ばして、ひと目でそれとわかる姿だった。一旦、尾根をくだって頂上へ近づいてゆく。峰をひとつ越えたことから、奥山にはいる気分がした。やはりブナが立っていた頂上についたときも、雪がさかんにふっていて、眺めはさっぱりの山だった。それで、庄部谷山は山深い山だという気持ちがのこった。

それから二年あとの一月三日に、野坂岳に仲間とのぼった。やはり、野坂岳に敬意をあらわして、その年の最初の山としたのだろう。今では冬でも、多くのひとがのぼるようになっているが、もちろん、そのころはだれもいなくて、友人が振子沢だといっていた真っ白な谷を、野ウサギの足跡をたのしみながら「かんじき」でのぼっていった。敦賀の街を振り返りながら。お天気は高ぐもりだったとおぼえている。

一の岳で景色がかわった。頂上につづく尾根の林が樹氷にかざられていて、遠くになるほどぼんやりかすみ、花ざかりの山をながめるようだった。お宮があった頂上からは北に遠く、低い雲のうえに白山がみえていた。

はじめからその計画だったが、野坂岳からのくだりは、西に延びている尾根をゆき、七四四メートルの峰から北におりることにした。いつのまにか雲が厚くなっていて、気温が高くなったらしい。重く感じられる雪をふみ、はっきりした尾根をどんどんおりてのぼって七四四の峰に出る。

この峰からコースは北北西にかわる。すると、それまでの山の奥にはいりこむ、といった気持ちがさっとかわって、里にむかう感覚となる。そのことが残念といえなくもない。

峰からはちょっと西におりて、ほぼ北への尾根にはいった。ゆるやかなくだりのあとにいくつか峰があり、ぐっとのぼって六八二・五メートルの芦谷山にきた。お天気はさらにくもって暖かいほど。汗がでる。

これからさき、さらにぐさぐさになった雪を踏んでながくおりてゆき、峰をひとつこえてわずかにのぼり、平坦な峰の北の端につく。友人が雪を掘ってみると、五三九・九メートルの三角点「かや尾山」の標石がでてくる。一同笑顔。尾根はこのさきもつづいてゆくのだが、芦谷にむかっておりることにした。

地図をよくみると、芦谷にそって延びている林道に、左岸を通る所が一ヵ所だけある。みえていないが、そこをめざしてくだってゆくと、ぱっとひらけて白い道のうえに出た。あとは林道をあるいて粟野駅まえをとおり、出発地にもどった。

*

つぎに野坂岳には、平成十五年の十一月に、山岳会の一行十一人とのぼった。

まず黒河渓谷のむら「山」に車をとめ、あと乗り合わせて、美浜町の新庄に行き、集落のなかほどから横谷川の林道をのぼり、終点に車をとめた。

林道からさきの横谷川には、送電線巡視路として整備されたみちが延びていた。川をわたるところには吊り橋がかけてあり、岩場を横ぎるところには鎖があり、がっしりした鉄の持ち手が岩に打ち込まれていた。また梯子がかけられているところもあった。

ということで、すいすいと谷にそってさかのぼって、北からきた支流をひとつやりすごして、目標の尾根の取りつきにくる。

暗くなっている空をみあげての北へののぼり、最初は尾根につらなる斜面の急登だった。雨がおちてくる。ウラジロガシの木立ちの尾根にでたところで、雨具をつけた。のぼるにつれて尾根の木々は落葉樹の浅い林にかわってゆく。葉をおとしたコナラらしい木立ちのあいだには、それとわかるケモノみちがつづいていた。だいたいのところでケモノみちを追って尾根をのぼる。雨のなかで落ち葉がぬれてひかり、あかるい気分が感じられる尾根だった。

まえで声があがる。みると、一本のコナラの幹いっぱいにナメコが生えている。あたりをみまわすと、ナメコの木が一本さらにもう一本。一行は、たちまちナメコ採りに夢中になった。市販のものより大きなキノコのかたまり、いそいで手にしようとすると、ぬるぬるしたナメコが、掌のなかでうごきまわる。

すごく大きなスギが尾根をまたいで立っていた。この山にはまだ自然のスギがのこっている。大きな木のしたをくぐってゆくと、尾根がほそくなった。すると、白や灰色がまじる岩があらわれて、傾斜が急になってくる。ぐっとのぼって、野坂岳から西に延びている尾根の峰にでた。

十七年まえの一月にのぼった七四四メートルの峰だ。峰の北には雨のけむりにかすむ芦谷。敦賀の方向はなにもみえなかった。寒くなってきた。雨具をつけているが、腕と膝からつめたさがしみてくる。ここからの尾根の左には、植えられたスギの林がつづいている。その林の端のすきまを選んでのぼっていった。やがて、スギがみえなくなってゆき、あたりは風衝木の低い密林となった。ぬれている木々をやや強引に分けてゆくときは、晩秋の雨の冷たさが身にしみる。

霧と雨のなかの、もうそろそろがけっこうながくあって、ぽんとみちに出た。十二時三十分に頂上につく。小屋は満員だった。みちをくだって「山」集落におりる、くだりの途中で雨があがった。おりてゆくと、敦賀の街が、雨あがりのあざやかさでみえてくる。

その次に野坂岳には、平成十九年七月の小雨の日に、十九人を案内してのぼった。霧のなかを初めてのぼる野坂岳の山みちだったが、尾根をからむようにうまくつくられていて、こんな具合になっていたのかと感心した。途中にナツツバキの花あり。帰りは「山」へおりる。バスと交わした予定の時間に五分の遅れだった。それでも運転手さんが山みちを見にきていて、ちょっと恐縮した。

*

平成二十年の、くもり、雪、くもり、雨の十二月二十三日に、横谷川から庄部谷山にのぼり、尾根をぐるっと一周して横谷川にもどった。

新庄からの林道の途中で、立派な角のシカに出会った。こちらをじっとみつめるシカと会うのは初めてだった。秋になると、シカもカモシカのようなことをするのかと思った。

林道終点から伐採地をのぼって送電線巡視路にでる。鉄塔のあたりから粉雪がちらちらしはじめた。尾根の周囲からシカの声、まったく草のみえない尾根をのぼる。ナメコの木があった。つづいてもう一本。友人が凍ったナメコだ、という。やがて、尾根には赤いテープが目立つようになる。ひろい所には、場所を示すように赤いテープが張りめぐらしてあった。

草のみえない裸の尾根に、きれいに食べられたエゾユズリハがあらわれる。これはとても珍しいことだった。シカはふだん、この木の葉をまったく食べないのに食べている。よほどひもじかったのだろうか。

尾根がぐっとひろくなってブナ林となった。枯葉をうすく隠すほどに雪がつもっている。みごとな美しさだった。そのあいだにイワウチワのひろがりがあり、つづいてカンアオイ。シカはそのどちらも食べていない。植物のほうでも考えて防衛力を身に付けているのだろう。この工夫はいつのころからはじまっているのか、おもしろいことだと思う。

ひとつ峰をこえ、ゆるやかにぼっていって庄部谷山につく。十時四十分だった。

けっこう降ってきた雪のなか、予定どおり南東へ延びる尾根にはいる。ブナが立っているひろくゆるやかなこちらの尾根にも、テープがうるさいくらいにつけられていた。大きなブナ木立ちがあった八六〇メートルの峰をこえて、霧と雪のなかをのぼり、八五〇メートルの峰にかかるあたりで、人の声が聞こえてくる。まさかと思って耳をすますと、エンジンの音が霧のなかから聞こえてきた。

あるいてゆくと、ブルーシートに覆われたパイプ組み立ての、低い櫓がみえてくる。近づくと三人の若者が働いていた。向こうも驚いたらしく、「こんなところでなにしているのですか」と聞いてきた。尋ねると、風力発電のための地質調査ということだった。

この地点で予定のコースは北東に、直角に向きをかえる。うっかりしていて、わたしはまちがい方向にいきかけたが、一行四人でそれぞれ地図と磁石をみつめ、方向を修正する。雪の尾根をすこしばかりおりてゆくと、霧がはれて、ブナ林に覆われた行く手の山がうすい茶色にみえてくる。うす茶の山は、地図のとおりに連なっていて、心が静かになる眺めだった。

細くかわった尾根をくだり、北へまわってゆく峰をこえ、ゆるやかにのぼっていって、野坂岳と三国山を、北と南にむすんでいる尾根に合流する。尾根には南にうすくみちが見えるようだった。ブナの立つひろい所で東に風を避けておひるにする。

午後は、落葉の原生林にかわった尾根をゆるゆると北にのぼった。八五〇メートルの峰にきて、北西にくだっているながい枝尾根にはいる。ここでは霧のなかだったが、いったんくだってゆるくなっているところが、うえからは、霧のなかに雪のひろがりとなってみえていて確認できた。

あとは急な尾根の一気のくだり、六〇〇メートルくらいまでおりると、雪はすっかりみえなくなった。尾根がゆるゆるとたいらな峰になってゆく、どこがてっぺんともわからない峰は、エゾユズリハだけが茂るところとなっていた。のぼりの尾根でみかけた光景とはちがって、このあたりのシカはエゾユズリハを食べていない(シカにとっては毒があり当然だろう)。峰いっぱいに茂った冷たいしずくたわわの、くらい緑を分けてゆくうちに、思いきり濡れてしまう。

五六二・四メートルの四等三角点からは、こちらもシカの食べないアセビを分けてくだり、鉄塔からは巡視路をとおって横谷川の支流に出る。これで安心と思ったが、たちまちそうではないことが分かってくる。

新庄から横谷川にはいり、野坂岳にのぼったときから五年のあいだに、巡視路の手入れはまったくなかったらしい。いくつもの橋が落ちていて、そのたびにざぶざぶと川を渡った。みちが荒れていても、登山のためのみちではないから文句はいえない。夕方の気配が山にみえてくるころ、車のところにもどった。

*

野坂岳から南には、三国山へとながい尾根がつづいている。その東には、黒河川のながい谷、そして、そのまた東には、岩籠山から西近江山へのながい尾根が、平行するようにならんでいる。時代はすこしもどって、平成二年の五月に、野坂岳から三国山への尾根の、ちょうどなかほどにある八六六メートルの標高点に娘とのぼった。

地図をよくみると、黒河川の大きな支流芦谷は、本流から西に分かれてUターンして、北に源を求めている。一方で、本流渓谷の出口に近いところで分かれた「あし谷」は、南にまっすぐのぼっている。それぞれ反対方向からのぼってきた芦谷とあし谷が、ぶつかるところには山も尾根もなく、そこには湿地の印が印刷されている。これはかなりおもしろい地形ではないだろうか。

そこで娘をさそって、フジの花がきれいだった芦谷に出かけてみた。黒河川の林道から別れて芦谷にはいった道は、伐採されたばかりの山のあいだに延びている。しだいに空がひろくなったと思っているうちに、まぶしく光があふれている湿地の近くまで車がのぼった。

なかをあるいてみると、そこは、なかば乾いた黒い湿地だった。森林にかこまれていたころの様子は、想像してみるほかない。湿地の端の乾燥したところには、ヤマツツジの花がひとつふたつ咲いていた。

この地のもうひとつの興味、北からのあし谷と、南からの芦谷がぶつかっている境界線は、湿地の北の端を横切っている土手のような尾根だった。地図では、湿地はどちらの谷にもつづいていると読めたが、きてみると、芦谷の源とわかった。それから約二十年、湿地の今は、ぎっしりした低い林にかわっているのだろうか。

八六六メートルの峰へは、湿地の端からコナラの尾根をのぼった。峰にはブナの林があって、通りぬける風が涼しかった。

その八六六メートルの峰には、平成十七年の三月にものぼった。

朝早く「あし谷」林道入り口に車一台を止め、もどって「山」集落から野坂岳への山みちをのぼる。三月の陽気が山にみちている薄く晴れた朝であった。四〇〇メートルくらいまで夏みちをあるき、雪でみちが消えてからは、いいかげんにかんじきで尾根をのぼる。大きなブナがみえだすあたりからは、送電線がとおる野坂岳の南の鞍部をめざした。

振り返ると雪のすくない岩籠山が横にながくみえている。山のながめよりも、私たちは、山に刻みをいれている谷の形をおもしろがった。頂上南にせりあがっている「くちなし谷」、その南にならんでいる「滝ヶ谷」、どちらも秋の日にのぼっていたから、みえている山の地形に親しみがあった。

鞍部から南に尾根をあるいた。木々がまばらな白くひろい尾根。のん気な春山あるきだった。尾根が細くかわって、目のまえに高い峰がせり出してくる。雪の急坂を二回のぼって八六六の峰にきた。

南をみると、延びてゆく尾根がすとんと落ちて、三国山につづいている。「だいぶ遠いな」と、話あった。そのころは雪の庄部谷山にまだ関心がなく、近くにみえていたはずなのに、みていなかった気がする。

帰りは、八六六から「あし谷」に延びている尾根をくだった。おわりのところで平らになっていた尾根を末端までおりて、切れぎれに雪がのこる林道をあるいてゆくと、カモシカがみちのまんなかに斃れていた。どうしたことか、顔から食べられているカモシカだった。

＊

庄部谷山にのぼって、風力発電の調査地をみたあとに、家で二枚の二万五千図をならべてみていると、夏のはじめに八六六の峰に娘とのぼった日のことがうかんでくる。

あのころは、八六六と野坂岳や庄部谷山を、ならべて考えることは、思いつきもしなかった。歳とともに、一日で山をあるく範囲を、ひろくとろうとしているのだろうか。

地図をながめているうちに、雪の季節だったら、庄部谷山から野坂岳へ、一日であるけそうなことに気がついた。すこし遠いがスノーシューだったらゆけるだろう。おもしろいことに八六六の峰は、コースのちょうどまんなかあたりになるのだった。

平成二十一年一月十二日、吹雪、くもり、地吹雪、晴。庄部谷山から野坂岳をめざす。

車一台を野坂岳ののぼり口に止め、一行五人で新庄にまわる。冬型のお天気の日で、空には低い雲が西からながれていた。それぞれがスノーシューをつけ、水力発電所の上手から山にはいった。数頭のシカが走る。はじめは地表をうすく覆うほどの雪が、たちまち深くなってくる。尾根の三〇〇メートルをこえたあたりでは、新雪が膝くらいのラッセルだった。

ブナ林にさしかかる五〇〇メートルを過ぎたところで吹雪になった。のぼるほどに、流れる雪のかすみのなかからブナの大木がみえてくる。深い雪をおし分けて進み、峰をこえると、北にのびている見覚えのある長い尾根が、雪雲にふれそうになってみえてきた。

十時十分、庄部谷山に着く。わずかの休みで東南への尾根をくだる。こちらもけっこうな雪だった。しかしスノーシューで歩幅が伸び、すいすいくだってゆける。ブナ林をめぐるようにゆるく峰をこえてゆくと、霧のなかに木立ちの影が、つらなって浮きあがってきた。前に見た風力発電所の地質調査地点だった。もちろん、冬のさなかのことで人工の物はなにもみえなかった。

この地点で九十度むきをかえ、北東へ尾根をおりることにする。幸い、雲がすこし高くなって、くだりの尾根が細く白くみえてきた。ちいさなのぼりとくだりのあとに、ゆるく弧状になっている峰を、木々をくぐりながらこえてゆく。すると、野坂岳から三国山につづく尾根が、うすい茶色のブナの林をのせてながくひろがってきた。山のなかにきたものだという気分になる。ゆるやかなのぼりで、野坂岳への尾根に合流。しばらくのぼって尾根の東側で風を避け、おひるにした。

ブナの梢のさきを、澄みきった青の空が、雲に追われながらながれてゆく。

二十分で出発、樹氷のブナが美しくならんでみえてくる。北に延びてゆく尾根の雪には、ところどころで風紋があらわれるようになった。西の横谷川から吹きあげる風が強くなる。地吹雪で先行者の足もとがかすむくらいになることもあった。風上に向かっては目もあけられないほどに。たまらず、目だし帽をかぶり手袋を替えることにした(これは私だけのことだったが)。

ねばりつくように感じられる風成雪を踏んでゆく。風が吹きすさぶところでは、木々から樹氷がみえなくなることに気がついた。茶色の林が近づくと、てきめん風が強くなる。娘との夏の日の山のぼりでなつかしい、八六六の峰にくると、ようやく野坂岳がそれと判る姿でみえてきた。一同その遠さに声をあげる。「えっ、あそこまで」、早川さんが写真を撮る。八六六の峰からひとつさきの峰のくだりで、わずかだったが、コースをとりちがえた。

地図をみると、この峰で尾根が三つに分かれている。そのまんなかをゆけばよろしいと決め込んで、おりたところ、まちがってしまった。くだりの尾根が谷に消えそうになって気がついて、地図をひらくと、なんと、小さな尾根がさらに一本あるではないか、その尾根をくだっていた。さっそく谷を横ぎって正しい尾根に戻る。失態に気がついたのは神尾さんだった。感謝。

野坂岳につづく尾根が、右にゆるく弧をえがいてみえている。低い峰をつらねた茶色の木々の尾根だった。そのひとつひとつをこえてゆく。目標まで遠く感じられる所だったが、左右にみえている耳川と黒河川の景色の変化にはげまされた。みえてきた景色が、次に眺めると横になり、うしろになってゆく。送電線の鉄塔にきてひとやすみ、おひるを食べてからここまで、休まずにずいぶんあるいたものだ。このさき、いよいよ野坂岳へののぼりになる。鉄塔のかなたの空が暗くなってきていた。

野坂岳への最初ののぼりは、七九七メートルの峰への急なラッセルだった。白い林のなかを神尾さんのあとについてのぼる。白い林をぬけて、直角に北東に向きをかえ、進むうちにようやく木々が低くなってくる。やれやれ、野坂岳頂上近くの風衝木帯にきたかと思ったが、これからさき、もうひとつのぼって、昔の冬の日の、七四四の峰につづく分岐点に出なければならなかった。あとは雪にのこる風紋を踏んで頂上に着く。十五時三十分だった。振り返ると、庄部谷山から東に延びている尾根がはるか南に、わずかにみえている。

山頂の小屋で休むうちに雲に動きがあった。はずむような山田さんと酒井さんの声にうながされて出てみると、北の方向では雲がきれて、夕日に光る敦賀の街と美浜の海が、くっきりとながめられた。海には幾筋もの白波がならんでいる。西方ヶ岳のまわりの雲が、ふちどりされるように光っていた。

頂上からは、この日野坂岳にのぼった登山者の踏みあとを追って、夕日の街をめざしてくだった。のぼり口に止めた車の地点、十六時三十分。

山に吹く時代の風

冬型のお天気になった今月の十二日に、美浜町の庄部谷山から、敦賀市の野坂岳までの長い距離を、三枚つなぎにした地図でルートをたしかめながら歩いてきた。

寒のさなかのことで山には新雪が多く積もっていた。独りだったらとても歩けない長いコースを、歩くことができたのは、山の仲間の助けによるものだった。

雪をかきわけての尾根歩きに、登りはいくつもあらわれたが、その日おわりの野坂岳の登りは、一日の「しめ」にふさわしく、暮れかかった白い林のなか、私にはなかなかのものだった。

朝からお天気の変化は目まぐるしく、日ざしのなかの登りはじめから、猛吹雪、そして目出し帽をかぶるほどの地吹雪と、おもしろいほどに変わってゆく。

途中の尾根には年を経たブナの林が、樹氷に彩られて続いていて、そのあいだをスノーシューで大またに歩いて行くのは、とても気分のよいものだった

ところが、ブナ林から樹氷が見えなくなるところがあらわれる。

そんな地点では決まって大風が吹きぬけていて。がっしりした手袋への交換が必要になった。

夕方ちかくなって、野坂岳から眺めた美浜の海には、おおきな白い波が幾筋もならんでいた。風が吹きわたっていたのだろう。

さて、去年の暮れにもこの山域を歩いたが、雪が積もっている山深いと思える峰に近づいたとき、エンジン音と人の声が霧のなかから聞こえてきて、びっくりさせられた。

同様にびっくりしたらしいお向こうさんからも、「なにしているのですか」と尋ねられたが、聞いてみると、風力発電のための地質調査ということだった。

そのときは、道もろくにない山のなかで、と思ったが、帰って知人にたずねると、一基二五〇〇kwの風力発電機（その羽根の長さは一片で三十三メートル）を、二十五基つくる計画があるのだという。

この大きな企てをどう捉えるかで、選択肢の多い迷路のなかで迷ってしまう。三十三メートルの羽根を運ぶとなれば、ブナの林の尾根に道路を通すことが条件になる。自然のエネルギーのために、森をこわしてよいのか、という矛盾する問題。

そして、自然エネルギーの利用は地球の温暖化をくいとめるために効果がある、というものの見方。

一方、山の木を多く伐ることは、温暖化を加速する。さらに被害をうける渡り鳥のこと、とならべて考えると私の頭のなかから問題がはみでそうになる。

美浜町のこのあたりの山系では、若狭の海からの風が、まともに吹きあげることが多く、また、人里からも離れていて、風力発電の観点からすると、好位置になりそうに思える。企業というものは、よく調査してくるものだ。

しかし、感心ばかりもしていられない。やはり、ひとりの山登り愛好者として考えると、自然エネルギーのためにブナ林を伐るのは、大いにおかしいと思っている。

（「福井新聞」平成二十一年一月二十八日）

地図を眺める

はるか昔から地図をみるのが好きだった。最初の記憶は、小さな屏風のように折りたたまれる大阪を真ん中にした観光案内地図となってあらわれる。電車の線路が赤く記入されていた。その上に小さな電車が描かれている。大阪からのびてゆく線路がずいぶんあった。その一方の終点が京都であり、反対の方向では「かみと」であった。そのころは「かみと」をこうべと読むことがわからなくて、「かみと」という大きな街が大阪につづいてあるらしいと思っていた。観光地図に見入っていた時の不思議感覚がいまも記憶のうちにある。

地図を眺めていると時間を忘れる。世界地図も日本地図も山用の使い古した地形図もながめている。本を読むときも地名が多くあらわれる作品のときは、横に地図を開いている。地図をみながら読んでゆくと、作品の世界が深くひろがる気持ちになる。地図横がたのしい作者では、宮沢賢治がいちばんかもしれない。「種山ヶ原」のうえを低く流れる雲の美しさは、地図を開いていてはじめてわかるものだろう。

いまは『ラナーク』という、スコットランドを舞台にしたシュールな小説を読んでいるのだが、たまたま三角点の記述があらわれて、大いにびっくりさせられた。三角点が小説にあらわれることは、まずありませんからね。

その三角点は、大都市グラスゴーからみえるベン・ルアという山のてっぺんにあって、白いコンクリートで作られている塔は、街からも小さくみえるほどだと書かれている。

すると、その昔イギリスでは(スコットランドもふくまれる)、ずいぶん頑丈な三角点を作っていたらしい、と推測できて測量の歴史では、そんな時代があったかもしれないとおもしろかった。

千葉県の佐原に山本いう山の友人がいる。この山本くんのお父さんは、以前「陸軍参謀本部陸地測量部」に所属されていたということで、じかに地図作りの話を聞いたことがあった。

(今では知る人が少なくなりましたが、一九四五年までは、現在、山で使っている地図は陸軍が管理していました。そのころの地形図の右うえ隅には、丸くかこんで「秘」とゴシック体で印刷されていたものです。秘密の秘ですね。)

お父さんは中国戦線に地図作りの軍属として従軍された。日本軍は中国大陸に戦線を拡大してゆく。お父さんたちは弾の飛ぶそのすぐ後ろにいて、地形をスケッチしながら第一線についてゆく。夜になると、その日行軍したところをすぐに地図に書きあげて、司令部に提出しなければならなかった。地図ができないと戦争に間に合いませんからね。

「とてもねているひまはなかった」ということだった。

そのお父さんの地図製作の話に、「日本の地形図は、現場に行って測量をしてくる者と、地形図を描く者は、まったく別の人間だったのですよ」ということばがあった。「へぇー」と驚いていると、「実際に山を見ていなくとも、山の地図を描けなかったら、一人まえとはいわれなかったのですよ」、ということばが返ってきた。

現地にゆく人は、山に分けいって三角点設置にふさわしい山を捜し、櫓を立て、遠くの三角点櫓を見通して三角測量をして、石標を正確に埋設して山をおりてくる。そのとき、山々の尾根のつらなり、谷の様子をさらさらとスケッチしてきて、地形図を描く人にわたす。描く人は、実地に山を見なくても山地の等高線が描けなければならない。それが地図製作のシステムだったという。

「そんなことができたのですか」、といったら、「一日で、親指の爪ほどの面積ですね、そのくらいの等高線が描けたら一人まえといわれました」、ということだった。しかし、山をみないで山の地図を描くというところが、わからない。さらに尋ねると、「そういうことでした」、と笑われてしまった。信じられないけれど、信じるしかない話だった。

ところで、うちにわずかに残っている古い地図に、黒一色で印刷された五万図『經ヶ嶽』がある。いまはこの地図の題名も『越前勝山』とかわってしまったが、新旧二枚の地図をくらべてみると実におもしろい。どこがそんなにおもしろいか、というと、さきの山本くんのお父さんの話を実証できる箇所があるから、となる。それはどこか、

願教寺山《がんきょうじやま》から南に小白山《おじろやま》に続く尾根、あそこには福井県では一級品の山が、西には急峻に、東の岐阜側ではゆるやかに、まるで片方に流れる屋根のように連なっている。ほんとうに特徴の

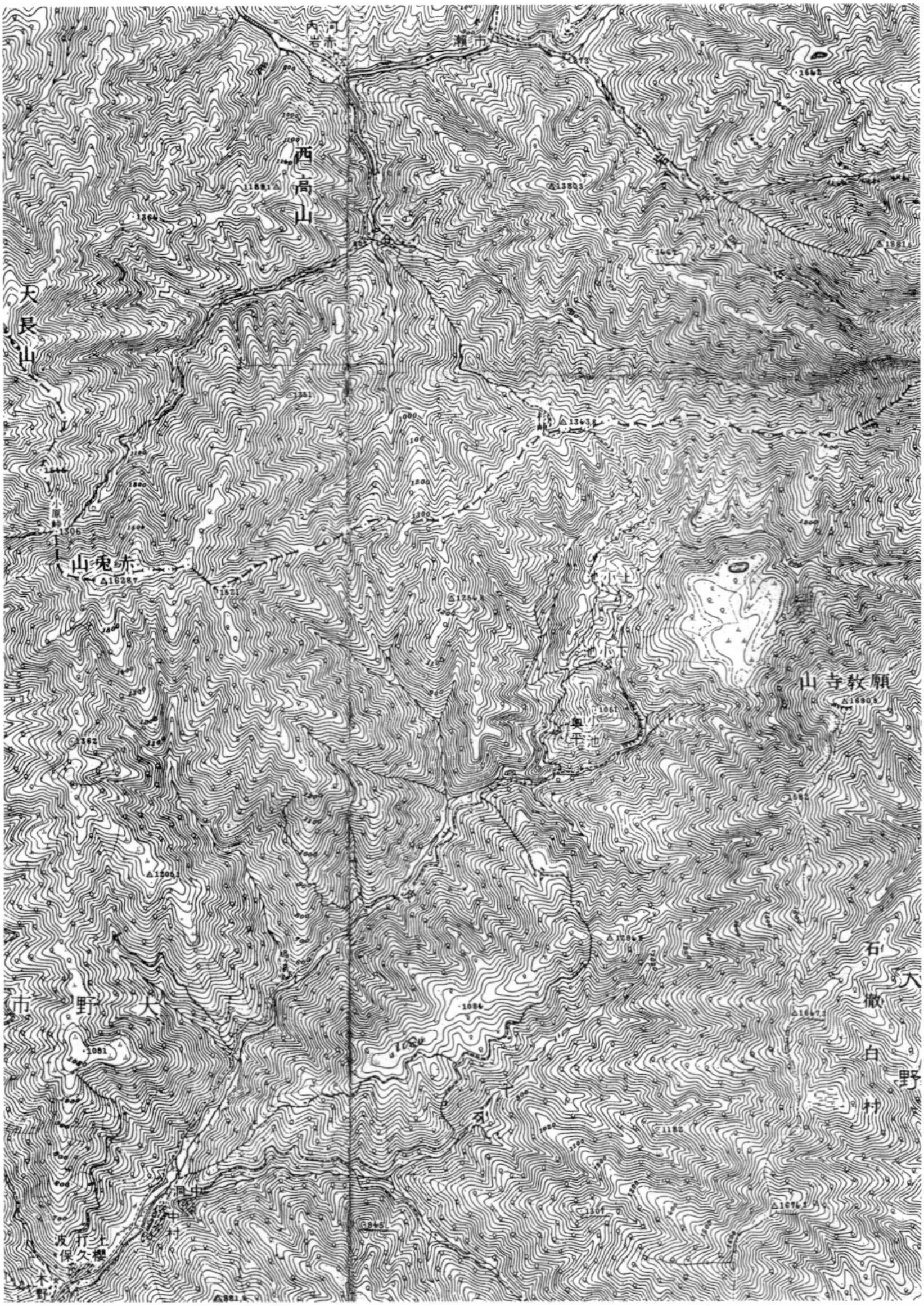

昭和32年(1957)発行の地形図「經ヶ嶽」

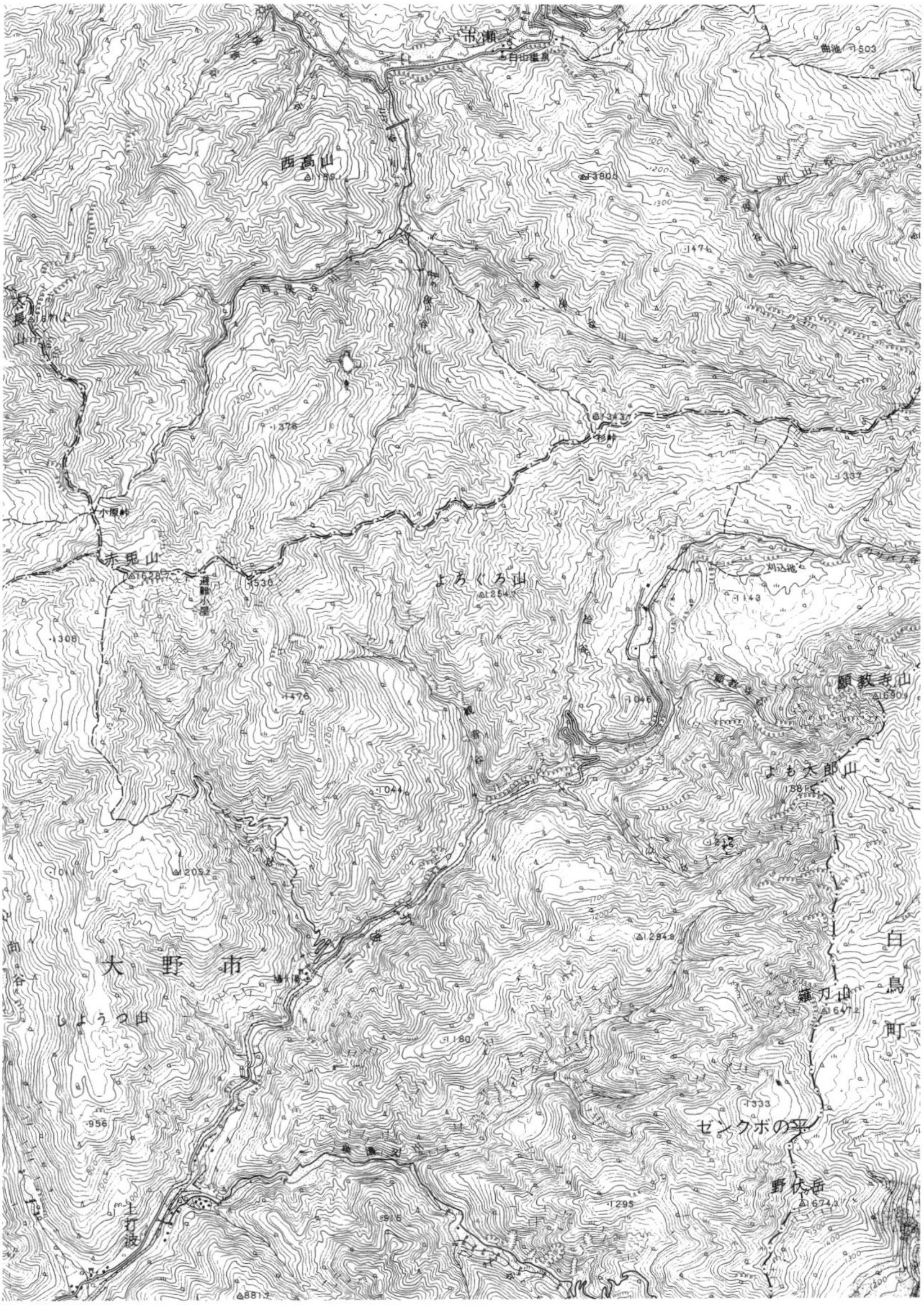

現在の地形図

ある地形といえるだろう。
ところが、黒の地図では、この地形がまったく平凡に、うねうねと描かれているばかりである。薙刀山《なぎなたやま》と野伏ヶ岳《のぶせがだけ》のあいだ西のゼンクボの平は省略されている。たぶん、現地にのぼった人と、地図を描く人とのあいだに連絡不足があったのだろう。その原因はなにか、不和だろうか。ドラマとして想像しているときりがなくなる。

山に行くまえには地形図をよく眺めることにしている。みていると山の形、沢のぼりだったら谷の急所がみえてくる。でもおかしなことに私の場合、地図から浮かんでくる山の地形は、地図の広さを超えることはまったくない。そこで実際に山に出かけてみると、現実の山の大きさと深さにあらためて感心させられることになる。

穂高岳から槍ヶ岳へ

山の仲間に白馬岳をしらないひとが何人かいる。その片方で冬の白馬岳だったら、あちこちからスキーでのぼったけれど、夏はしらない、というひとがいる。両者のあいだで話がまとまって、平成十九年の八月に、かなりの年齢の五人で白馬岳にのぼった。

お天気のよい日だった。五時三十分に白馬大池小屋を出発する。斜光線のなか、チングルマの原で綿毛の冠がひかっている。のぼってゆけば、少し遠くにひろがるコマクサの花、など、白馬岳の景色は美しく、びっくりすることばかりだった。白山をながめ、富士山を八ヶ岳の右に発見して、十一時に頂上着。ここで早川さんの二十万分の一地図を参考に方々の山をながめた。

それからは杓子岳のてっぺんでひるを食べ、そのいきおいで鑓ヶ岳の頂上をとおり、雪渓とミヤマキンポウゲの斜面に目をうばわれながらあるいて、鑓温泉は一時四十分着だった。みると温泉小屋は満員らしい。そこで、そのままながいみちのりをくだって、猿倉五時三十分。大池からちょうど十二時間だった。

さてそのあと白馬村で倉下の湯にはいり、私も会員の、青木湖ちかくの鹿島クラブに六時四十分についた。歓待される。ただし実費。

白馬岳の山のぼりがあまりおもしろかったものだから、帰りの車中、来年もどこか大きなところをのぼろうよ、と笑顔で約束しあった。

＊

その約束の実現で、つぎの年、平成二十年の八月に上高地から涸沢にゆき、北穂高岳にのぼって槍ヶ岳へ、そして上高地にもどるコースをあるいてきた。こちらもとてもおもしろい山あるきだった。

八月十六日、午前は晴、午後くもり、四時ごろより雨、夜、はげしく降る。雷鳴あり。

一行四人がのった車で平湯にゆき、タクシーに乗り換えて上高地にはいる。運転手さんはたいへんなおしゃべり。いちいち応えていると山にゆくことを忘れそうになる。そこで返答はひとまかせにして、景色をみていた。五十年以上まえにここにいた、という記憶はのこっているが、今、流れてくる景色が、記憶とどうつながっているのかは、まるでわからなかった。

九時、上高地出発。なんどもきたところをあるいているのか、はじめてのところをあるいているのか、はっきりしない気持ちでいるうちに、明神岳がみえてきて、すっと、「この景色、昔、みあげていた」と思いだした。するとおかしなもので、以前のいろいろなできごとが、ありありとあらわれてくる。水の色、水の音、みちの様子までが。

昔とちがっていたところ。徳沢をすぎてしばらくの林に、サルの群れがいたこと。若狭のサルとくらべると、まるまるしていてひとを気にする気配はなかった。新村橋をわたって、奥又白のみちをのぼる。降りてくるひとはたまにいるが、のぼりのひとと会うことはなかった。つまり、おいこされなかったし、おいこしもしなかったということ。

今は新道でもなかろうが、中畠新道への分かれでひるを食べる。日を浴びている白い岩の上から目をあげてゆくと、黒い森のさきに蝶ヶ岳がみえていた。

分かれから、パノラマコース(よくない名前)と名づけられた、前穂高岳からきている北尾根を越え、涸沢行きのみちにはいる。小林さんのほかは初体験のみちだった。ながいのぼりがつづく。このあたりだったら、地図はみなくてもよいだろう、という私の感覚では、のぼって尾根をこえると、そこは涸沢だったが、シラビソのたつ尾根を越えてもさきがあった。それからは、丈のたかい草のあいだをゆくのぼりが、カヤクグリがしきりにまわりで鳴くなかに、ながくつづいてゆき、ようやく北尾根にでる。

奥穂高、北穂高は低い雲にかくれていたが、ダケカンバの枝のあいだに、涸沢の雪渓やテントの群れはよくながめられた。夏の午後、霧がちかづいてくるテント場で、吹きおりてきた風の冷たさに、思わずシャツの袖をおろした日のことが、ありありと浮かんでくる。どうして、たいしたことでもないものが、はっきりみえてくるのだろうと考えた。

北尾根から涸沢まではとてもちかく、すっとくだって三時三十分に、昔は朋文堂ヒュッテといっていた小屋についた。

早川さんがインターネットで予約していたので、余裕のある部屋わりだった。実は、小屋につくまえから、屋根うえにバルコニーがあるのがみえていて、もう、早速の気分でテーブルにつく。霧はすぐちかくまできていて山はみえなかったが、白い岩のあいだに雪渓がみえているだけで笑顔になる。

ジョッキの生ビールはセルフだった。とりあえず乾杯、あとすぐ、雨がおちてくる。たいへんだった。酒が呑めない私もとにかく、一気にのまなければならなくなった。部屋にはいってたおれるように寝てしまう。小林さんはあとで、「雨具をつけたひとが、大勢きていたわよ」といっていたから、わたしたちのあるきは、まんざらでもなかったのだろう。

これまでに山小屋泊まりの経験はわずかだったから、食堂での夕食はめずらしく、また豪華に思えた。酔いがのこっている私はやっとだったが、三人はおかわりしてよく食べた。窓の外はガラスをうつ雨。

夜、ときおり雷鳴とともに雨の音が聞こえていたが、大方は眠っていたようだ。目がさめるとまだ暗い外は霧だった。びしょぬれのあたりに雨はおちていない。

五時三十分、あるきはじめると、屏風の頭のむこうから光が差してきた。くらい雲のすきまからの光が、ほんのしばらく山肌をあかるくする。北穂高へのわずかののぼりのうちに、霧のなかにはいり涸沢はみえなくなった。

霧のなか涼しいのぼりをつづけるうちに、鎖のある岩場のところで、ガイドさんに連れられた七、八人の女性グループとすれちがった。一人ずつ、足場をガイドさんが指示しているから、ながく待たされることになる。そこで、私たちは、みちのマークをはずれて、岩場をのぼった。もちろん、傾斜はゆるくあぶなくないところだった。

いっこうにあかるくならない霧のなかをのぼって、八時ちょうどに北穂高岳につく。頂上は整地されていて、ヘリポートになっているらしい。まわりはなにもみえないから頂上らしくなく、へんな気分だった。昔はなかったから、北穂の小屋をみるのも初めてだった。

霧のなかに、岩に描かれた白いペンキの丸印が、こちらをむいてうかんでいる。その白丸に案内されてキレットへおりていった。鎖場の連続のような感じがする。五十何年まえには、こんなふうだったのかしらん、と思ったがわからなかった。濃い霧がほんのしばらくだけうすくなって、滝谷の第二尾根がみえてくる。その横は、くらい色調のすばらしく高い岩壁だった。

蒲田川からふきあげる風が強くなって、帽子を飛ばすほどになる。そこでまことに残念だったが、帽子はしまうことにした。急なくだりの連続でさきをおりていると、私の頭はうえからよくみえることになった。山の急所でも、頭が気がかりとはなさけないが、これは個人の問題。

とかくいいながら笑いながらのくだりのうちに、垂壁四、五メートルの下降点があらわれてびっくりする。のぞきこんで、「昔、こんなところがあったか」と思った。鎖をにぎり、岩に打ちこまれている一本のボルトのうえで、左右の足を入れ替えてくだる。あとになってふりかえると、私にとって、コースでいちばんのところだった。あとの三人は笑っていたからわからない。

A沢の鞍部(看板があった)をこえ、長谷川ピーク(昔はなかった名前)の南でひるにする。霧に小雨がまじってきて、うえだけ雨具をきた。

急な岩壁に打ち込まれているボルトや足掛かりに、気持ちよく助けられてのぼったあとの岩稜で、十五人と三十人の韓国人パーティとすれちがった。約三十分の待ち合わせとなる。「アニヨンハセヨ」と声をかけると、笑顔で応じていったが、「こんにちは」と返したひとはなかった。年齢は若いひとから、年配、といっても私たちよりは若いひとまでいろいろだった。男女も。早川さんは、むこうのガイドに韓国語ではなしかける。しかし、返ってきたことばは日本語だった。毎年、劔と穂高にきている、といっていた。それで、山小屋にハングル表示がでていたわけがわかった。

あいかわらずの霧のなか、どこまでがキレットかと、ながくつづく痩せ尾根に、なかばあきれながらすすむうちに、のぼりの岩壁に斜めになった大きな割れ目があらわれる。

「ここは知ってる、みたことがある」、と思わず大声でいってしまった。昔、大きなキスリング型のザックを背負って、白馬岳まで縦走したとき、この岩場のチムニーをのぼるのがたいへんだったから、よくおぼえていたのだろう。今はながい鉄の梯子が、二段になってかけられていたから、チムニーをのぞきながらのぼった。あとわずかで南岳とわかる。

山の様子がかわる南岳から中岳にかけても霧のなかだった。雪渓がぼんやりみえてくる。ここでもういっぺん昔を思いだし、昔、テントを張った水場でゆっくりやすんだ。涸沢からこの水場までが、若い日の一日行程だった。今日は荷物が軽いからだんぜん早い。

うれしいことに、やすんでいるうちに霧にあかるさがみえはじめ、槍沢のむこうの山がみえてくる。くっきりした緑と赤い岩の山、西岳らしいと思った。

記憶では中岳からひょいひょいと槍にいったようだったが、まず、中岳の雪渓の大きさにびっくりした。雪渓の下流にはモレーンまであったことに、今回はじめて気がついた。

霧をやぶって青空が走ってくる。中岳からだいぶんあって大喰岳《おおばみだけ》までくると、青空を背にして槍ヶ岳が傾いてみえてきた。赤や黄色の人影がずいぶんのぼっている。のぼりのコース、くだりのコースと分けられていることもみえてきた。

空は飛驒乗越ですっかり晴れわたった。朝からの霧はどこかにいってしまった。ひろい槍沢にころがっている岩の固まりひとつひとつが、影をつけ、くっきりとみえている。そのむこうには、斜めの光をあびて、さらに黒くとがってきた常念岳、あかるい彩りの大天井岳から燕岳、そして遠くにかさなる餓鬼と唐沢岳。はるか昔もこのようにならんでいた。ついみとれてしまう。

小屋まえに、四時三十分についた。さて、渋滞しているコースをのぼって槍ヶ岳の頂上にいったものかどうか。ひとでいっぱいの小屋のまえを避けてやすみ、ほんのしばらくはなしあった。四人のうち、冬の槍ヶ岳にのぼっているのは、工藤さんと小林さん。早川さんは、五月に北鎌尾根からのぼっているくらいだから、いまさらの気持ちがあったのかもしれない。頂上ゆきはパスにしようときまる。私もまったくおなじ考えだった。

でも少しすると、なんだか寂しい気持ちが、どこか、しらないところから、ほんの少しながれてくる。あんまりきれいに晴れたものだから、槍ヶ岳のてっぺんにいって、四方の山々をなつかしみながら、みたくなっていたのだろう。感傷とはやっかいなものだ。

四時四十五分に殺生小屋につく。「涸沢からきました」といったら、のけぞってくれた。小屋のひとはふだんから、演技過剰にと、きめているのだろう。殺生小屋の泊まり客は私たちをいれて八人だった。仲間の三人はさっそくおいしそうにビールを飲んでいる。昨日でこりていたから、私は山小屋のカウンターで、ひとつだけのこっていた牛乳パックを買った。

朝、五時三十分、殺生小屋出発、雲海のむこうに八ヶ岳、富士山、南アルプスがみえている。気持ちのよい山風がオンタデの原をなびかせていた。今日は上高地までだから、寄りみちをしていこう。ということで槍沢をくだるみちからわかれて、ごろごろ石のひろいところを斜めうえにのぼって、天狗原にいった。低いダケカンバをくぐって、光があふれているところにでると、そこには、大きな岩がるいるいと重なっていた。モレーンだった。ここが氷河の末端だったのだ、と思った。そう思って振り返ると、今は石ころでがらがらの槍沢のうえで、真っ青な空に黒くたっている槍ヶ岳が、想像のうえのことだが、ちがった様子にみえてくる。氷河と槍ヶ岳のながめ。大きな岩のあいだには池があって、水鏡に槍ヶ岳がさかさに映っていた。槍ヶ岳がちょうどはいる池のおおきさ。槍ヶ岳がゆれる。

もどって、槍沢のみちをどんどんあるいていった、勢いがでてはやくなる。みえてくるひとは、みなおいこしていった。横尾の山小屋のちかくまでくると、屛風岩が高くみえてきた。空をはさんで右には、南岳の岩稜がすばらしい傾斜でみえている。

「きのうは、あんなところをのぼっていたんだね」、と声があがった。

残念なことに、男性の二人組に一回だけおいこされる。あとはみんなおいぬいていった。徳沢にくるとひとが多くなり、明神ではいっぱい、上高地では雑踏だった。聞けば、お盆の規制が解かれたから、ということだった。上高地のバスターミナル、二時二十五分。おしゃべりのタクシー運転手さんが約束どおりにあらわれる。「五分、はやくきましたよ」、と私たちはいった。そのあと、平湯で温泉にはいり、まだあかるいうちに福井に帰った。五十何年まえには考えられなかった早さだった。

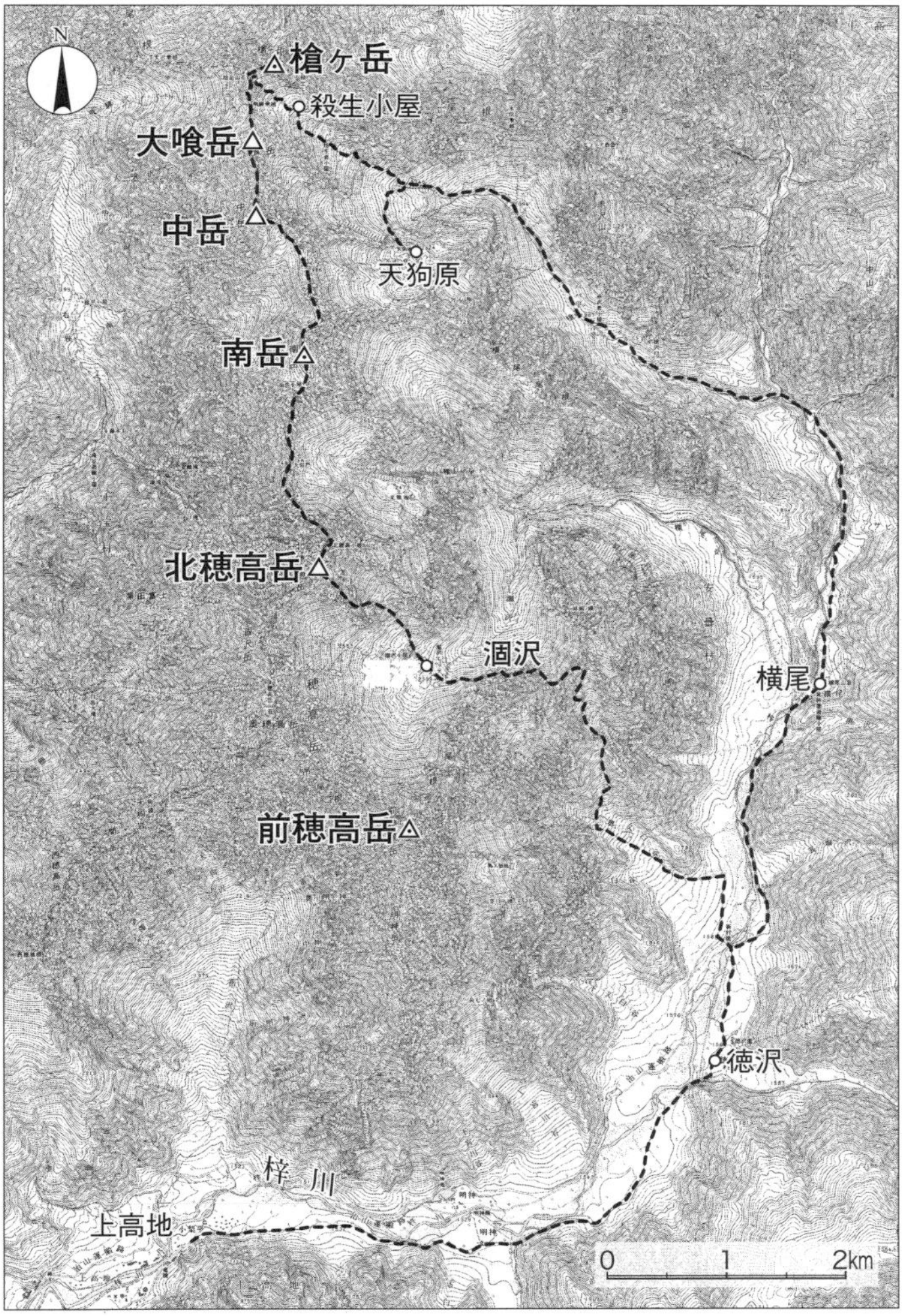

蛍と鹿の駒ヶ岳

七八〇・一m

▼登山口　ＪＲ小浜線小浜駅から松永川林道分岐点
▼二・五万図＝古屋・遠敷

六月のこと、名田庄村に住む友人から、「村に蛍の季節がきました。今年はとくに多いようです。蛍を鑑賞されてから、こちらでひと晩泊まることにして、あくる日やまに登りませんか」という招待状がきた。これはうれしい。そこで土曜の夕方に名田庄につくようはからって、数人の山の仲間と蛍をみにでかけた。

時代を経た友人の家は、南川の堤防のすぐ下にあるのだが、夏至のころの山あいが、まっくらになるのをまって、堤のうえにでてみると、はやくも川原には蛍の光がみえている。

その光をみて、「こんなものではない」とかるく笑った友人の案内で、車で黒い山を目ざして行った。あたりの在所の名前、川の名前がはやくも蛍と響きあっていて、まことによろしい。本道から分かれるところの集落が「虫鹿野《むしかの》」、蛍が棲むという川の名前は虫谷川であった。

川にそってさかのぼって、道が川を渡るところに車をとめる。スギの木立ちの陰から橋のうえにでてみると、ほの白く流れている虫谷川の黒い岸辺では、ゆらめく光の乱舞状態だった。なかにはこちらにふわりとちかづくものもある。源氏蛍。名田庄の蛍は、むかしの記憶にまさる、くっきりとした冷光だった。そのうちに、蛍の群れをうきあがらせる明滅する光は、どことなく、同調しているとみえてくる。そこで、いけないことだったが、車のハザードランプをつけてみると、点滅に応ずるように、谷あいの蛍みんなが光を放ち、わっと、声があがるながめになった。

帰ってその夜は、持ちよった酒で宴会のあと、それぞれシュラフザックで眠る。朝ごはんには、友人夫妻の手作り野菜が次々にでた。一同、礼節をこころえていて、おいしい、とさかんにいう。ほんとうにおいしかった。

きのうの夜が遠い昔のような晴れた朝、車で松永川をさかのぼる。明通寺からさらに先に行って、駒ヶ岳からの谷の入り口に車を止めた。はじめは林道あるきがしばらくあり、そのあと沢の用意をしてざぶざぶ沢をのぼる。六月の沢は緑あかるく、水はあたたかだった。滝があらわれるが、のぼるに緊張するというよりも、景色がかわるおもしろさだった。

のぼるうちに、この谷では、むかし炭焼きが盛んにおこなわれていたことがわかってくる。そのころの山みちは、大方くずれているが、谷すじには炭焼き窯がいくつも残っていた。その数が半端でない。炭焼きのころからほぼ五十年が経って、今では、窯のまわりが林になっている。くずれた窯のまんなかから立っている、ひとかかえもあるカツラがあった。

沢をつめていって、水のきれるところが炭窯の最高点であった。あとは草の見えない斜面をのぼって頂上にむかう。

斜面に生えていた草は、シカが食べてしまったのだろう。そして、山に草のあるうち、シカはどんどん殖えてゆき、なくなると、不運なシカは死んでしまう。のぼってきた松永川の谷は、あちこちにシカの骨がちらばる谷だった。友人は、「シカは死ぬとき、末期の水を飲みに谷にくると聞いた」という。さらにのぼって、雲が近くなるあたりに、トリカブトとイワヒメワラビの草むらがあった。こちらはシカの食べない草。

頂上につくと、北東に三重岳《さんじょだけ》がみえていた。ゆったりとしたひろがり、山なみの重なりのかなたの山なので、そうだろうと思う。下山は木地山峠にむかって、やはり草のみえない県境の尾根を西にゆき、その途中から、今日の振り出し点にもどる長い尾根を、北にくだった。

と、書くと簡単そうだが、先頭をあるいていて、長い尾根にはいる所を行き過ぎてしまう。へんな方向に若狭の名山、百里ヶ岳があらわれて、まちがったと気がついた。「すこし行き過ぎましたね」となぐさめてもらったが、なかなか恥ずかしいことだった。

沢をのぼってきたせいか、午後になって風のなくなった尾根は、けっこう暑い。そこで谷にくだり、三番滝をみてから、林道を車の地点へとあるくことにした。

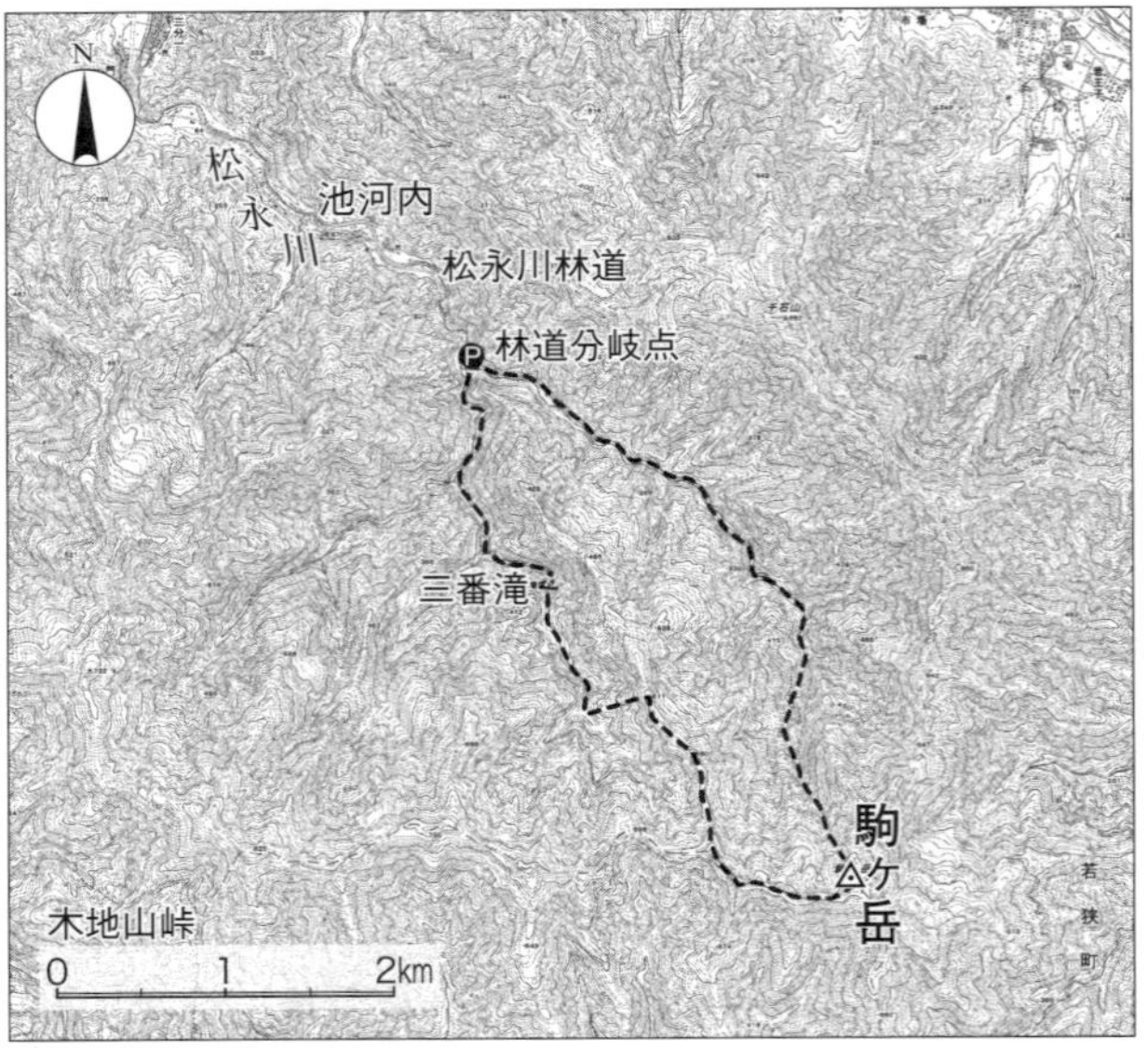

川のちいさな若狭の山で、三番滝はめずらしいくらいにいい滝だ。大きなアカガシやスダジイなど、滝のまわりの緑がよい。それから五段になっている滝のうちの、たしか三段目の滝壺のかたち。車のところに帰って、泥にまみれたものを着替えているとき、橋のうえの山本さんが「へんなものがみえる」という。

そこで、手すりから身をのりだして覗いてみると、光を跳ね返しているきれいな流れのなかで、確かになにかが揺れている。そのうちに、揺れているものはシカの足だと分かってくる。骨になるまえのシカだった。

三国岳、真（芯）の谷をのぼる

一二〇九m

▼登山口　南越前町今庄から夜叉ヶ池登り口
▼二・五万図＝美濃川上・広野

平成十七年の九月に三国岳の新の谷をのぼった。

三国岳は、越前の国、美濃の国、近江の国が出合うところにあるから、そう名づけられているのだろう。新の谷は、越前に流れてゆく日野川の源流になっていて、三国岳の頂上から北へ、まっすぐにおりている。

谷の名前は「真の谷」と、一般に呼ばれているようだが、考えると、名前は「ほんもの」の谷となってなんだかおかしい。山の谷に、ほんものとかにせものはないと思う。

地図をみると、越前と美濃の境の山なみが北から延びてきて、五万分の一「横山」の地図にはいり、すぐさま北西に折り返して、越前と近江の境をつくっている。折り返し地点が三国岳。

山脈がぐっと折れまがっているために、三国岳の北に、日野川源流の深い山ふところがうまれている。真の谷は、その山ふところのまんなかを、まっすぐに頂上へむかう谷の名前になっている。ま正面に、山ふところにはいってゆく谷だから、山の芯にはいる谷、その実態をあらわしている名称として「しんの谷」と、長年よばれてきたのだろう。

山のまんなかの谷だから「芯の谷」ではないだろうか、エンピツの芯と同じですね。

それからもうひとつ、むかしの地図では芯の谷からの流れに、日野川と記入されていたのだが、ある時期の改定版から、日野川の源流は笹ヶ峰からくる大河内川にかわった。つまり、地図のうえで日野川源流はいれ替わり、今では、芯の谷からの流れには「岩谷川」の記入がある。

三国岳

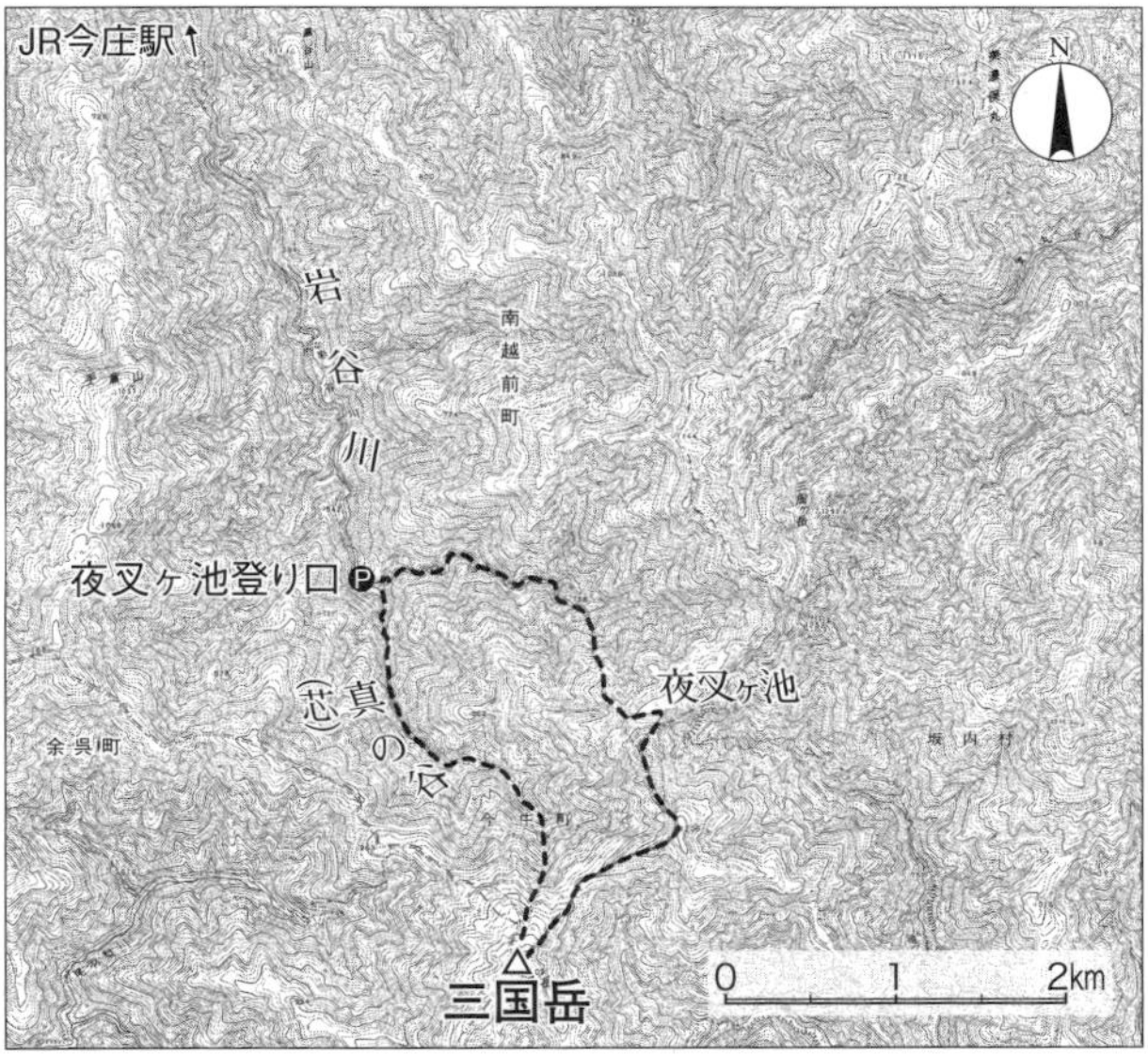

平成十七年九月四日、くもり、午後になって雨。芯の谷から三国岳にのぼる。

朝七時、山の仲間四人と夜叉ヶ池への登山道入り口から沢にはいった。山に夜明けの気配がのこるこの時間に、まだ登山者はなく好都合であった。仲間はそれぞれ、腰に布ベルト製のハーネスを装着し、いろんな器具をさげ、ヘルメット(メット)をかぶり、沢用の足ごしらえとなっているから、夜叉ヶ池にむかう人たちのあいだにはいったら、目立つことこのうえなしだったろう。私は沢靴だけの横着だった。もともとハーネスをつけたこともなく、メットをかぶったこともないのだからしょうがない。ほんとうのところをいうと、頭の横幅が大きくて、店に、ちょうど合うヘルメットがなかった。

くもり空でくらい緑の谷をゆく。水音は静かだった。砂利に茂った高い草を分けているうちに、城壁のような砂防ダムがみえてくる。左のやぶをのぼってダムを越え、谷におりるところで先頭を行っていて、あっというまに、二、三メートルおちてしまう。久しぶりの落下の感覚だった。

足もとにコンクリートの壁があったことに気がつかず、草や木が茂っている斜面と思い、足を出したのだからたまらない。落ちたところはやはり斜面のなかで、みたところ、急いでおりたかたちだった。ふり返ると古いロープがさがっている。あれを使うのだったと思ったが、あとの祭り。

のぼってゆくと、谷のまわりは原生林の山となっていて、トチとミズナラが目立っていた。両側に岩の壁があらわれて、谷のなかが暗くなる。岩にのり、岩をこえてゆくと滝がみえてくる。ひとつ、またひとつ。みな容易にのぼれる滝だった。

谷が分かれているところにくると、一同、地図と磁石をだしてコースを検討する。まちがった方向に行ってはいけないから、意見をいいあい、納得がみんなの心に落ちつくまで時間をかける。私にとっては、この時間がたのしみの時であった。谷のぼりのコースはおまかせであるから、やれやれと一服できる。

谷がゆるく感じられるところを過ぎると、ふたたび、両側に岩の壁がみえてくる。壁は高くなって、谷の空間が暗くせまるように思われる。冷えびえとしてきた。五メートルほどの滝の右をのぼると、暗い谷は左に折れていて、そのさきは約一五メートルの滝になっていた。谷の両側を見あげると、どちらも高い岩の壁だから、滝をまっすぐにのぼるところだと、たちまち判った。

ハーネスに、登山用のロープをがちゃりと装着して、敏さんが滝をのぼりはじめる。とっかかりは、水流が走る岩の溝のようなクラック。ひとつ段があるようにゆるくなって、次は、黒くひかっている岩場、こちらは傾斜がある。敏さんは黒い岩場を浮きあがるようにのぼって、くさびの形にひかっている滝のむこうの緑のなかに消えていった。

しばらくすると、うえから投げられたロープが、するすると伸びてくる。一同順番にひとりずつ、ロープの端をハーネスの金具にがちゃりとセットして、滝をのぼる。もしものことがあっても、上で仲間が、ロープをがっちり持っているから安心だった。

仲間の姿をみあげていると、のぼる方法がよくわかった。クラックに足をひねるようにいれ、摩擦を利用して伸びあがる。そのあと手がかりを捜しのぼってゆく。

ひとののぼりを感心しているうちに、ロープがおりてきて、自分の順番となった。こちらはハーネスを装着していない。そこで、ロープを一メートルばかり余して左手にもち、その余りを、右手で背中からまわして左手にもったロープにかけ、うえからした、したからうえへとまわしてゆくと、あら不思議で「もやい結び」ができてしまった。

実は、ロープを結ぶまでは、むかし使った結び方を覚えているかどうか、不安なところがあった。それが、ロープを手にしてみると、手のほうがうごきだして、もやい結びを勝手につくってゆく。みていてうれしかった。身体が覚えているという言葉は、やはりほんとうなんだと思った。

滝の水流のなかをのぼってゆくと、気持ちが高ぶってくる。一段あって、濡れた岩の、傾斜の急なところ。ここでは沢用靴のフェルト張りの底が、ぐっと岩に馴染んで安心だった。滝うえにきてみると、うまくのぼってくるかなと、みていたはずなのに、仲間は知らん顔をしている。

さらにのぼって、水が少なくなってきた沢にはガマがいた。それもなかなかの数だった。岩と同じ色になっているから始末がわるい。うっかりしていて、よい手がかりと、握りかけて気がつくことがあった。小滝が次々にでてくるが、みなのぼってゆける。

いよいよの源流にきて、沢は低い木々のあいだの、ゆるやかなくぼみになっていった。ツリフネソウとトリカブトの花あり。そのさき、芯の谷の終点までが、ややながく感じられた。水のみえなくなった細いくぼみが、木々のなかにつづいてゆく。突然、二、三メートルの土の崖があらわれる。そこが谷のはじまるところだった。

いつのまにか雲のなかにいた。ササを分けてのぼっていると、霧のなかから低い木々がみえてくる。ブナの風衝低木林のあいだにはミズナラとリョウブがまじっていた。

十一時ちょうどに三国岳の、三角点がなくてすこし寂しい頂上につく。小さな虫のひどく多いところだった。おひるを食べていると、虫がみんなこちらにくるようで気になった。

あとは、まわりのみえない霧のなか、ササを分けて夜叉ヶ池につづく尾根をあるいた。カライトソウの花があり、ナナカマドの赤い実があった。夏と秋がならんでいる。

夜叉ヶ池で、初めてヤシャゲンゴロウを見た。十五時、駐車場にもどるころ、雨がふりはじめる。

武奈ヶ岳を六つ石谷からのぼる

八六五m

▼登山口　ＪＲ湖西線今津駅または小浜線上中駅から熊川

▼二・五万図＝熊川

平成十八年の八月に、すこし遠出をして滋賀県の武奈ヶ岳《ぶながたけ》に、天増川《あますがわ》の六つ石谷からのぼった。快晴の八月の朝、若狭の国道二七号から分かれて三〇三号にはいり、七時にむかしの宿場熊川にくる。このさき、山越えなしで滋賀県にはいり、一行七人が分乗する車二台は北川から、天増川の林道をのぼっていった。同じ川を、上流では天増川といい、熊川からしもでは北川というからややこしい。

林道をぐるりぐるりとけっこう走って、対岸に六つ石谷がみえるところにくる。きれいに晴れた空を送電線がわたっていたから、気持ちよく、ここだと確信できた。

車をおりて、山の友人たちが、沢のぼりの仕度をする。そのあいだに、林道から山側にのぼってみると、そこは、わずかに平らになっていて、二、三の家の跡らしく思われた。歩いてみると、「六つ石」と書いた板と茶碗のかけらが、枯葉のなかにおちていた。しかし、ほとんど自然にかえっているあたりの様子から、家があったとしても、それはかなり以前のことに思われた。（ほんとうはこの谷の名前を知らなかったのだが、「六つ石」と書いた板があったことから、六つ石谷として書いている。）

七時五十分、水量ゆたかな本流をわたって六つ石谷にはいる。こちらも支流としては水量ゆたかな谷だった。ただし水は冷たい。のぼるほどにたちまちという感じで、両側から山がせまり、両方とも岩壁となって、谷のなかはうすぐらくなる。その奥に三メートルの滝があらわれた。滝をかわしての

武奈ヶ岳より三重岳を望む

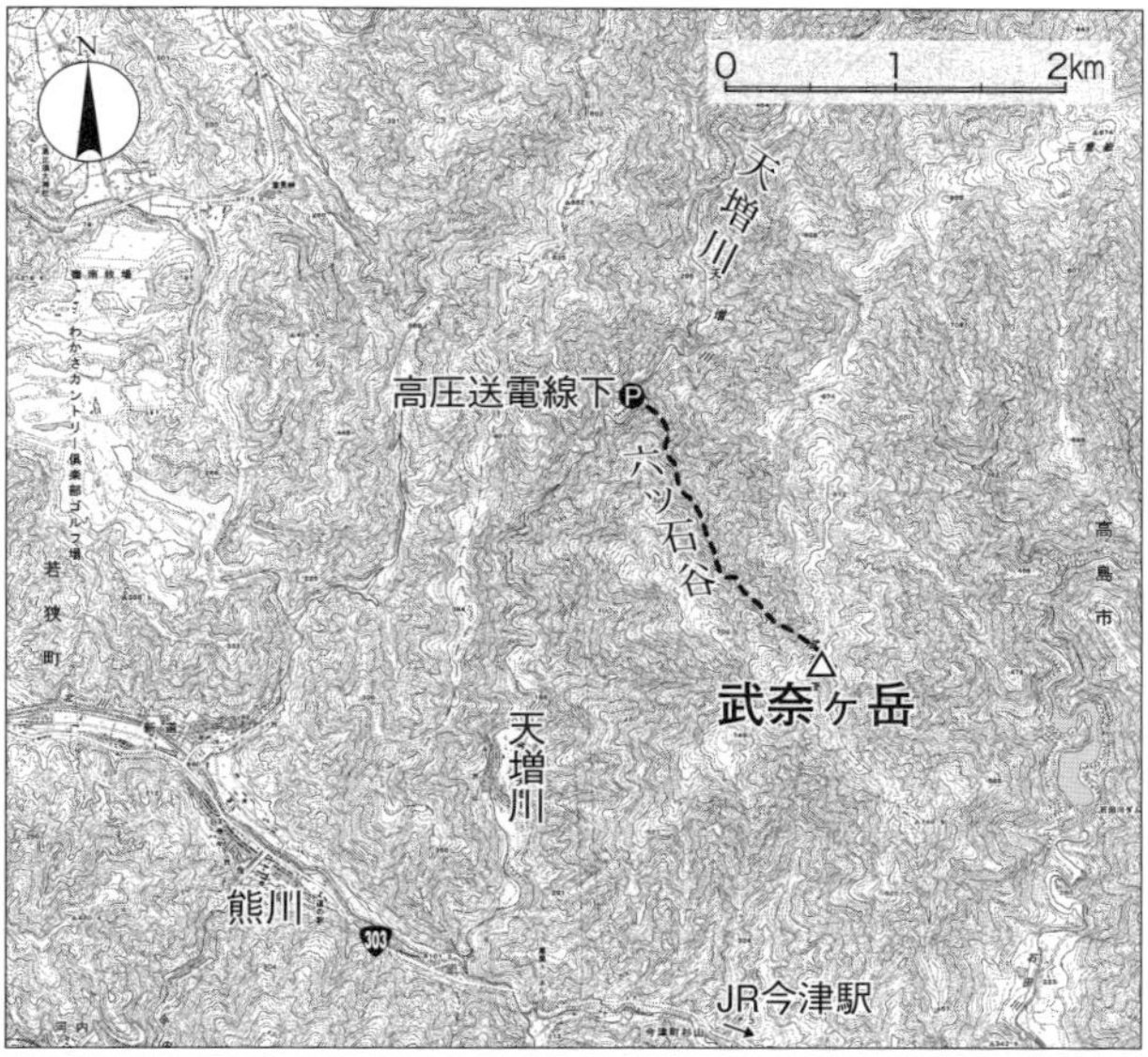

ぼるところはなかったから、滝の水流のうしろに、足場をさぐってのぼった。

こんなときは、先行者の足もとをよくながめることが、肝心だ。うっかりのぼりはじめると、滝の水流をまともに受けるなかで、足場をさぐることになる。ひとの悲鳴をきくことは楽しいことだった。


つづいて六メートルの滝、水上さんがのぼってロープを張った。

あとは岩場の陰に、イワタバコの花がみえる気分のよい谷がつづいてゆく。滝はあらわれたが、三〜六メートルくらいで、みなロープなしでこえていった。

この谷でも、炭焼きが盛んだったらしく、炭窯あとが点てんとあらわれる。その最高点はおよそ六八〇メートルにあった。朝ながめてきた家の跡は、炭焼きをしていた人たちの、「ふるさと」と、いえるところだったかもしれない。

のぼるうちに、谷の両側から山がしりぞいて、谷がすっかりあかるくなる。日をあびてのぼっていると、濡れている上下が、みるみる乾くように思われた。

ばらばらと、右の斜面から大小の岩がおちてくる。大きなものは、バレーのボールの半分くらい。おかしい、とみると、走り去るクマの姿があった。「あっ仔グマや」、一同よろこぶ。つづいて数分後、またもや落石。心えてみあげると、走って木の陰にうずくまるクマの姿があった。顔だけかくして、真っ黒につやつや光る仔グマのお尻が、まるまるみえている。一同さらによろこぶ。ぐるっとみまわしたけれど、付近に親グマはみえなかった。でも、どこか近くにいたにちがいない。

クマの方からみると、七人のにんげんが、数珠つながりにあるいてくる。いろんな色の上下を着て。それを、ひとつの生き物とみてしまったらどうだろう。それはそれは怖い眺めだ。

六つ石谷は上流にきてふたつに枝分かれする。そこは、左にはいった。その次も左、つづいてのところでは右と、のぼりのコースをきめていく。沢の枝分かれがあらわれるたびに、立ち止まり、地図を開いた仲間の声が大きくなる。こちらは老眼で、地図の等高線が見えてくるのは、日のあたるところだけだから、議論の圏外にいる。

コースについて一同納得すれば、気持ちのよいのぼりが、再開される。

まわりの低い木に赤い実がみえてきたところで、沢の水がきれる。七九〇メートルあたりだった。八三〇メートルくらいで(高さは、腕時計についた高度計による)、浅いやぶにはいる。木々をわけていって頂上の五メートル西に出た。記録的な正確さだ。十一時二十分。北に三重岳が大きく、ひろびろとひろがるところだった。

武奈ヶ岳の高さは八六五メートル、木々にはばまれて遠くはよくみえない頂上だったが、五〇メートルほど北にゆくと、見晴らしがきいてきた。最初はやはり西をながめる。緑一面のわかさゴルフ場のさきに、小浜の街につづく上中の平野がみえている。その右に、野木山、箱ヶ岳、久須夜ヶ岳《くすやがだけ》。くるっとまわって、東南にやや遠く琵琶湖の岸辺がみえていた。ひかる湖面は夏のもやにまぎれて、遠くほどうすれてゆく眺めだった。

十二時出発、のぼりと同じコース、六つ石谷をくだった。のぼりのとき、水上さんがロープを張った滝は、岩壁から伸びていたカエデにロープをかけて、懸垂下降でおりた。とはいっても、着地点は滝壺のなかとなって、降りてゆくと冷たい水はヘソのうえまでのぼってきた。そのあと、壁をくだる途中から、滝壺へ飛びこまなければならない滝があらわれて、いろんな飛びこみスタイルを見物。もちろん自分も、えいやっ、と飛びこんだ。

二時四十五分、出発地にもどる。この日のおわりの渡りとなった天増川の水は暖かかった。

田茂谷からのぼった三ノ宿

一三〇四・八m

▼登山口　大野市田茂谷林道
▼二・五万図＝白鳥

この山の名前は、『福井の山150』を書くとき、もと和泉村の下半原に住んでいた、林徳治さんに教えてもらった。

山の名前に「宿」とは、なんだかへん、とずっと思っていたが、ときがたつうちに、さっとわかる瞬間がくるものらしい。それは勝山市でおこなわれた、「白山信仰」にかかわる談話会のときのことで、出席者のひとり、上村俊邦さんにいただいた『白山修験の行者道』(岩田書院)に、三ノ宿はでていた。

岐阜の石徹白《いとしろ》に住む上村さんの本には、むかし、白山の美濃側には、長滝寺からはじまる鳩居十宿という行者道があったと書かれている。そして、実地検証家である上村さんは、すでに一ノ宿をくわしく調べられ、次に、福井と岐阜との以前の県境の山なみをあるかれて、毘沙門岳《びしゃもんだけ》の南で、多和ノ宿(四ノ宿)を発見された。本には、写真で発掘の様子がくわしく報告されている。三ノ宿については、その場所の見当がほぼついていて、三回の調査をされていたが、発見はまだのようであった。

その、かんじんの三ノ宿がおかれていたところは(宿といっても「祈禱所」を想像させるひろさらしいが)、上村さんの地図によると、一三〇四・八の三角点ちかくになっている。これで、この三角点の山の名を「三ノ宿」と教えられたわけが、ようやくわかった。

国土地理院の三角点名称は「保谷奥」とされている。こちらは、旧和泉村の下半原《しもはんばら》に流れる田茂谷《たもたに》からきているものだろう。

三ノ宿

平成十九年七月の晴れた日に、三ノ宿にのぼった。国道158から田茂谷林道にはいり、道が谷川のようにあれているところまで、草や木になでられながら四輪駆動で走る。途中にはユクノキとヤマボウシの白い花がみえていた。

さていよいよと車をおりてあたりをながめたが、はじめはスギの林と、緑いっぱいの山々がみえるばかり。今いるところはさっぱりわからなかった。それが工藤さんと、地図をながめ、磁石をながめしているうちに、すうっと幕をひくようにあかるくなって、周囲の地形と地図が一致する。目標としていたところより、わずか奥にきていた。

車は止めたままにして、林道を少しばかりもどり、三ノ宿からおちてくる谷にはいる。はじまりは、まるまるとした岩にみなコケがついていて、深い緑にみえている冷たい水の谷だった。これはよい谷と思っていると、ビロードのようなコケの緑はしばらくのことで、のぼってゆくほどに、流れに木々がかぶさるところが、次つぎにあらわれる。みんなくぐっていった。

地図をみて心得ていたが、谷にはひとつ分かれがあった。そこにきて左にすすむ。やがて、スギ林がおわるところから、谷に傾斜がみえてきた。谷底が茶色の岩盤にかわって、滝があらわれる。つづいて滝がもうひとつ。どちらもむつかしくなかった。

うしろの方向の九頭竜湖むこうの山が、低くみえる高さにきたところで、小岩のかさなりから、水がわきでているところがあらわれる。この谷の、水のはじまりだった。一二〇〇メートルくらいのところ。

さらにのぼってゆくうちに、水のみえない沢は、ぼさぼさの斜面にきえて、あとは、おそろしくあれはてた、今は捨てられているスギの植林地となった。けっこう大きくなったスギが、伸びてきた広葉樹のなかにごろごろたおれている。そのうえをのぼり、枝をくぐって尾根をめざした。ようやくスギの木立ちのあいだに、ブナらしいあかるい緑がみえてくる。

そのとき、さきにのぼっていた工藤さんが、「林道ですよ」、という。その声におどろきがこもっていた。なんだって、といそいでゆくと、浅い林のむこうがぱっとあかるくなって、もうそこは、日がふりそそいでいる林道の端だった。どうしたことかとながめると、尾根のほぼまんなかをゆく道路は東西に白くのびている。

二〇〇メートルほど東に小高く峰がみえている。あそこが頂上かなとあるいていった。三の宿の沢のぼりは、人の気配がほとんどなくておもしろく、コースもほぼ頂上にきてうれしいが、その終点が林道では、へんな気分になってしまう。

「おどろいたね」といいながら白い道をあるいていった。

ぼってりとした雲が、一二〇〇メートルくらいまでおりていて、毘沙門岳も大日ヶ岳もかくれている。雲のあいだからの日差しが山のあちこちにおちて、水気の多い景色、梅雨の晴れ間の様子だった。あるいている尾根のすぐ北には、やはり、九頭竜川からのぼっている林谷の源流地が、ゆるやかにひろがっていた。そちらではスギの植えつけがほぼおわっている。道路は林谷からきているとわかってきた。

頂上と思える峰をまふたつにわけて、道は東におりている。峰にきて、工藤さんと道の右左に分かれて、低い木々のしたで三角点をさがした。しだいに念いりに。

結局、みつけることはできなかった。あわよくば、「三ノ宿」跡も、みつけられるかもしれないと思っていたのだが、林道をみて、こちらはそうそうにあきらめた。

道のまんなかに敷物をひろげてひるにする。三角点がみつからなくて、なんだかへんな気持ちだ。おわって、立ちあがると長良川上流の景色がみえていた。ひろい山すそにスキー場の緑がつづいている。

あとのことになるが、三ノ宿の三角点(保谷奥)は林道のすぐ脇にあったということだ。私たちの話を聞いた友人が車でいって見つけてきた。「道のすぐ横やった」、と笑っていた。これはどういうことになるのだろう。地図をひらくと、工藤さんと私が三ノ宿にのぼったことは、「たしか」と思えるが。今になってもおかしな気分だ。

岩谷山の四月

一二五六・一m

▼登山口　大野市上大納、中竜鉱山跡
▼二・五万図＝中竜鉱山

平成十八年の四月に、もと和泉村の上大納にある岩谷山にのぼった。福井県には、ほかに岩ヶ谷山もふくめて岩谷山があるから、山の住所を書きいれることにした。

空に黄砂がただよう朝、上大納《かみおおのう》にある(今となっては「あった」と書くほうがよさそう)旧中竜鉱山の地底探検コース、アドベンチャーランドのひろい駐車場に、一台だけ車を止めて、たちまちの南の山にのぼった。七時十五分だった。

雪はかりかりに凍みている。早川さんと私は、かわいた音をたてながら、つぼ足でのぼっていった。尾根にでて雪のとけたところにくると、桃色の花が地表にちらばるように咲いていた。左の尾根に立つ林を黒くきわだたせて、日が差してくる。地表の花びらが白くひかる。

去年はブナに多くの実がなったが、そのなごりで、尾根のへこみには実の殻がかさなりあっていた。一歩ごとに、ばりばり音をたててのぼってゆく。七〇〇メートルくらいでふたたび雪があらわれて、たちまち、ひとつづきになり厚くなっていった。

雪にかくれていた七九九・四の三角点あたりをこえ、ぐっとのぼって、北東にのびている尾根にでると、岩谷山の形がはっきりしてきた。私たちがたっている峰から、一旦ゆるくくだった尾根は、東側に雪をたっぷりならべて、木々のたつ峰につづいている。そのむこうに頂上があるはずだった。

あいかわらず大気には黄砂がまじっていて、ちかくの山にもかすみがかかっている。それでも、左には「すげざわの池」がある一一五一メートルの峰がみえ、うしろには、縫ヶ原山と荒島岳がみえていた。のぼったことのある山をながめていると、過去の自分をみているような気持ちになる。

しかし、あたりまえだが、過去の自分はいまの私ではなく、すっぱり切り離された存在だ。それでも、過去というものは、どこまでもおいかけてくる、と思いながら、尾根の東の分厚い雪の張りだしをのぼっていった。急なところにあらわれた雪の裂けめを避けながら。

仰いでみて、大きな峰にみえていたところにでると、そこは尾根の一角で、右側に、ブナ、ミズナラの大木がならぶところだった。尾根まんなかのミズナラが群をぬいて立派にみえる。その陰でひとやすみした。早川さんがコーヒーをたてる。

今日のお天気では、遠くの山はとても無理。そこで、木々の写真を撮ってのぼった。やはり雪の張りだしをのぼってゆく。東から、お伊勢山からの尾根がちかづいてくる。そのむこうには、屏風山がかすかにみえていた。ゆっくりしたのぼりがつづいていって、浅い林の頂上につく。十時四十五分だった。

頂上の東側は、分厚い雪の壁になっている。ふり積もった季節の時間を刻んで、ほそい黒の縞をみせている雪の壁のしたにまわり、おひるにする。日があたり、風のこないところだった。

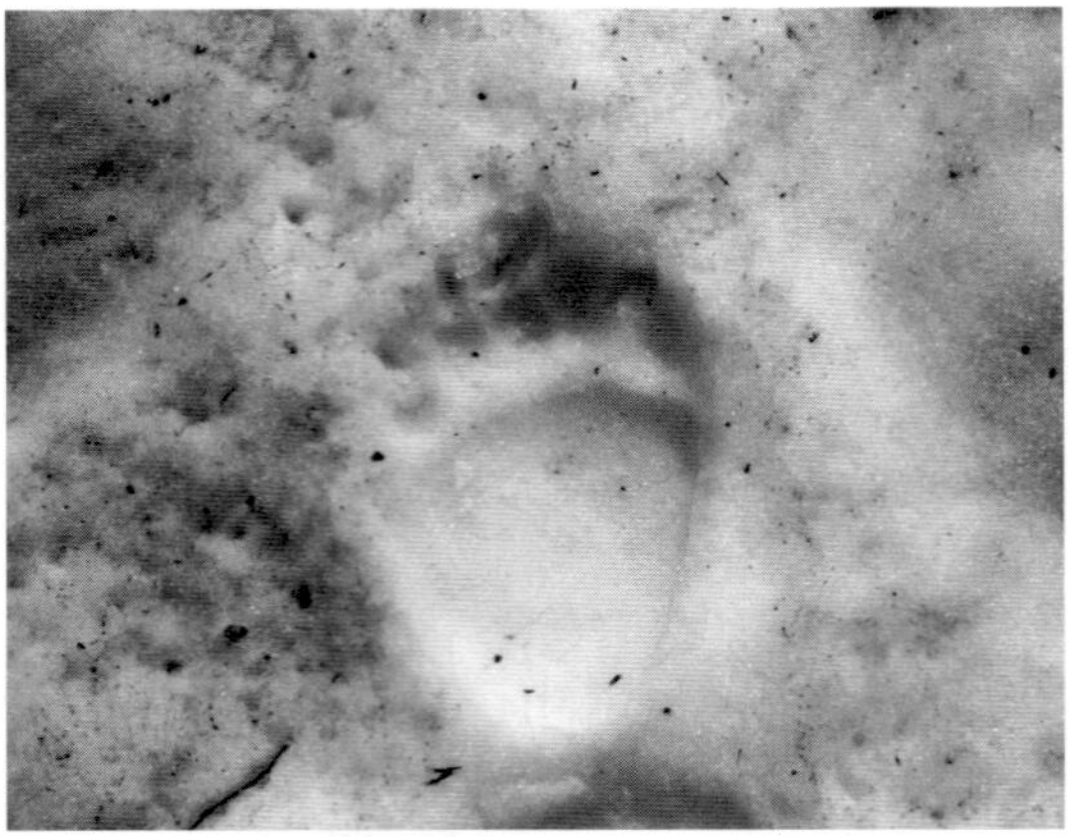

クマの足跡

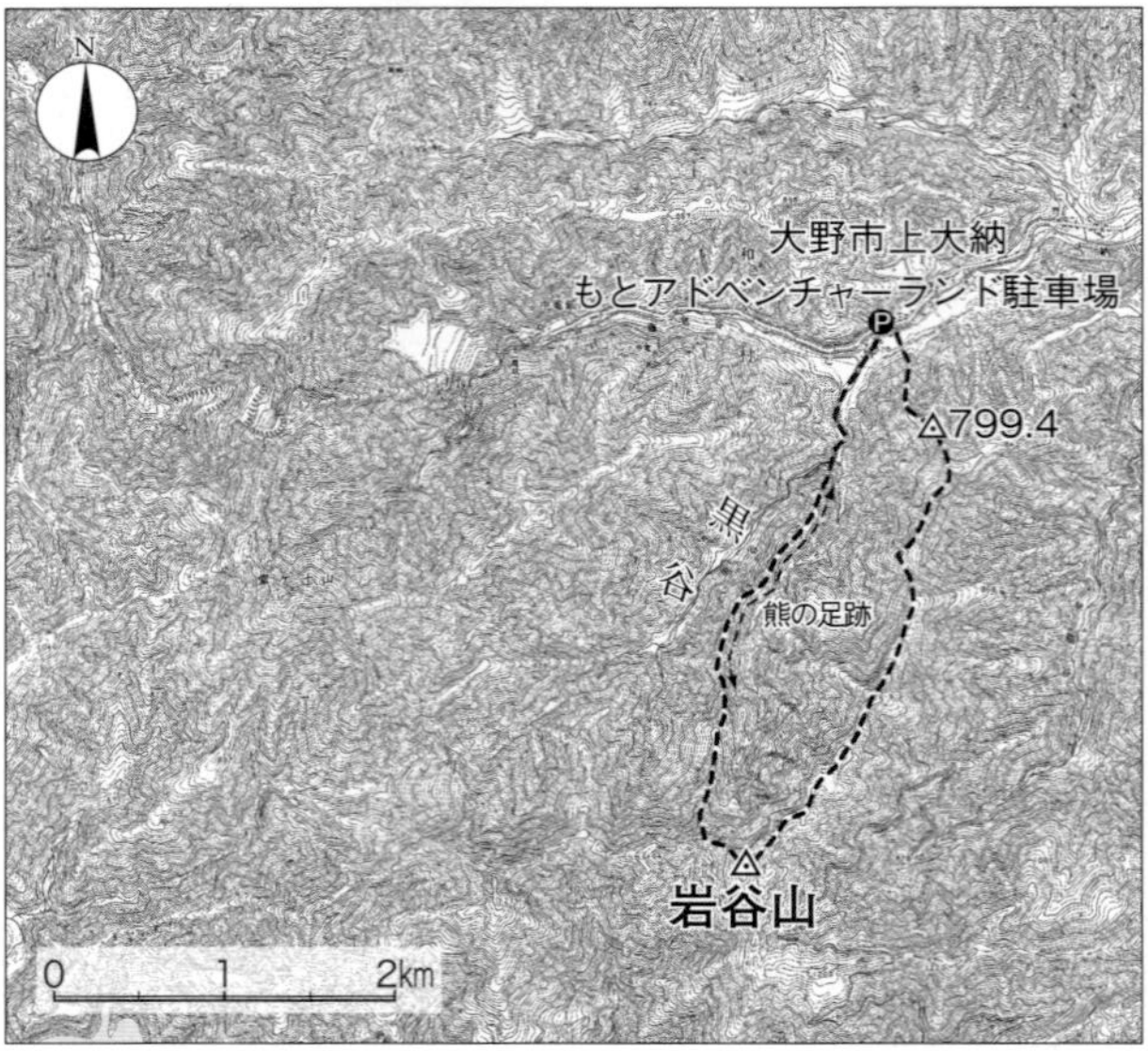

さて、くだりは頂上から西への尾根をおりて、すぐ北にまわり、黒谷にそってのびている尾根をコースにとることにした。

日があたっている西への尾根から北にまわると、そこは、日陰の急傾斜だった。ピッケルを手にして、まだ凍みている雪にかりかり音をたててくだる。急な尾根には黒くみえるブナがたっていた。その幹を右に左にかわしながらおりてゆくうちに、ゆるくなってゆくこれからさきの尾根が、眩しくひかって近づいてくる。

日差しのなかの尾根にクマの足跡があった。雪に、くっきりのこっている前足、後足のちがい。爪切りをしていない爪のあともみえている。私たちがくだる尾根を、先駆けするように足跡はつづいてゆく。おもしろくなってつけてゆくと、走るクマが尾根をおりるときは、ただまっすぐにゆくことがわかった。尾根にイヌツゲの濃密なやぶがあっても、つっこんでぬけてゆく。

私たちは、ぐるっとまわってやぶを避けていったが、やぶの反対側から、ふたたび足跡はつづいていた。

「どうも、にげてるみたいやね」、と早川さんがいった。

そのあと足跡は、黒谷の砂防ダム工事がちかくにみえるところまでつづき、突然きえた。みえなくなってしまうと、なんだか寂しい。いっしょにここまできていたのに、と思った。尾根末端までおりて、黒谷の左支流をわたる。この谷は、去年の六月に神尾さん、工藤さんとのぼっていたから、あたりに「まだ」みおぼえがあった。

作業道からアスファルト道を暢気にあるいて、アドベンチャーランドの駐車場にもどる。

岩谷山の沢のぼり

▼登山口　中竜鉱山跡

▼二・五万図＝中竜鉱山

六月の朝、大野市上大納から藤倉谷の林道を歩いてゆくと、道の崖に十四、五匹のサルがいた。どれもこれも疑い深そうな目をしてこちらを眺めている。私たち三人は立ち止まるでもなく通りすぎる。そのまもなくがカツラとサワグルミのある黒谷左又（仮称）の入り口だった。

谷のせまい青空をひかる積雲が横切ってゆく。流れのきわの白い岩のあいだで沢のぼりの支度をした。神尾さんと工藤さんは、ヘルメットをかぶってハーネスを腰にまわし、そこにさまざまな登山具を装着したが、こちらは沢登り用の靴を履くだけという横着をさせてもらう。

谷をのぼっていって、もしも困難なところが現れたらそのときは、先にのぼっているはずの二人から、ロープをおろしてもらおうという胸算用であった。

岩をこえ、ざぶざぶと流れを渡って谷をのぼってゆくと、ミソサザイが近くまできて盛んに鳴く、わたしたちを追い払おうとするのかたいへんな気迫だった。

谷にはエゴノキの白い花がちらばっていた。そのほか、まっすぐたっているサワグルミとどっしりしたトチノキが、ページをくるように現れる。一番目二番目の滝はそれぞれおよそ五メートルのものだった。お出ましですね、といった気分で越えてゆく。しばらく滑らかな岩盤がつづいたあとの三番は、ひょうたんを半分にした形の滝だった。まっすぐにはのぼれないので、木にすがって右の斜面から越える。

沢鳴りにまじってオオルリの声が降ってくる。どこか近くの木のてっぺんにいるのだろう。四番五メートルのさきで谷はいったんひろくなった。古いトチノキの下でやすむ、着ているものが濡れているので、日ざしのある岩の上が気分よかった。行く手をみるとややさきで、谷が立ち上がっている。

谷の岩が黒くなった。五番目は四段となった一五メートルだった。六・七番はそれぞれ五メートル。引き続いて現れた八番は八段となったおよそ七〇メートルだったが、これはやさしかった。九と十が五メートル、十一番の二〇メートル、この滝が私には難関だった。のぼっていって最後に滝を乗り越えるところ、そこで神尾さんにロープをおろしてもらって越えることができた。

つぎつぎに枝谷が分かれていって、水流がずいぶん少なくなっている。やさしい水音のなかの十二、十三番をのぼると、谷水は岩の下に消えて沢は土の深い溝にかわった。いよいよ沢のおわりの急傾斜となる。

沢のぼり用の靴は底がフェルト貼りとなっている。弱よわしい草が生えているだけの斜面では、水を含んだフェルト底は頼りにならず、三メートルほど滑り落ちる始末だった。

それでものぼるうちに周囲から谷の地形がなくなって、あとはななめに灌木の立つ斜面とかわってくる。木に摑まっていると余裕がでる。振り返ると、すとんとくだってはるかに続く谷は、地形図をひろげたように原始の森のあいだに延びていた。黒い緑のもくもくとした森だった。

尾根に出ると大きなブナが立っていた。その根元にはサワフタギの、小さな刷毛のような白い花。背たけより高いササを分けて十時二十五分に頂上についた。

さて下りのコースは、神尾さんの提案でしばらく尾根を西に行き、鞍部から黒谷本流をめざすことになった。そのまま降りてゆけば、のぼってきた谷に出合うことになる。

岩谷山尾根のブナ

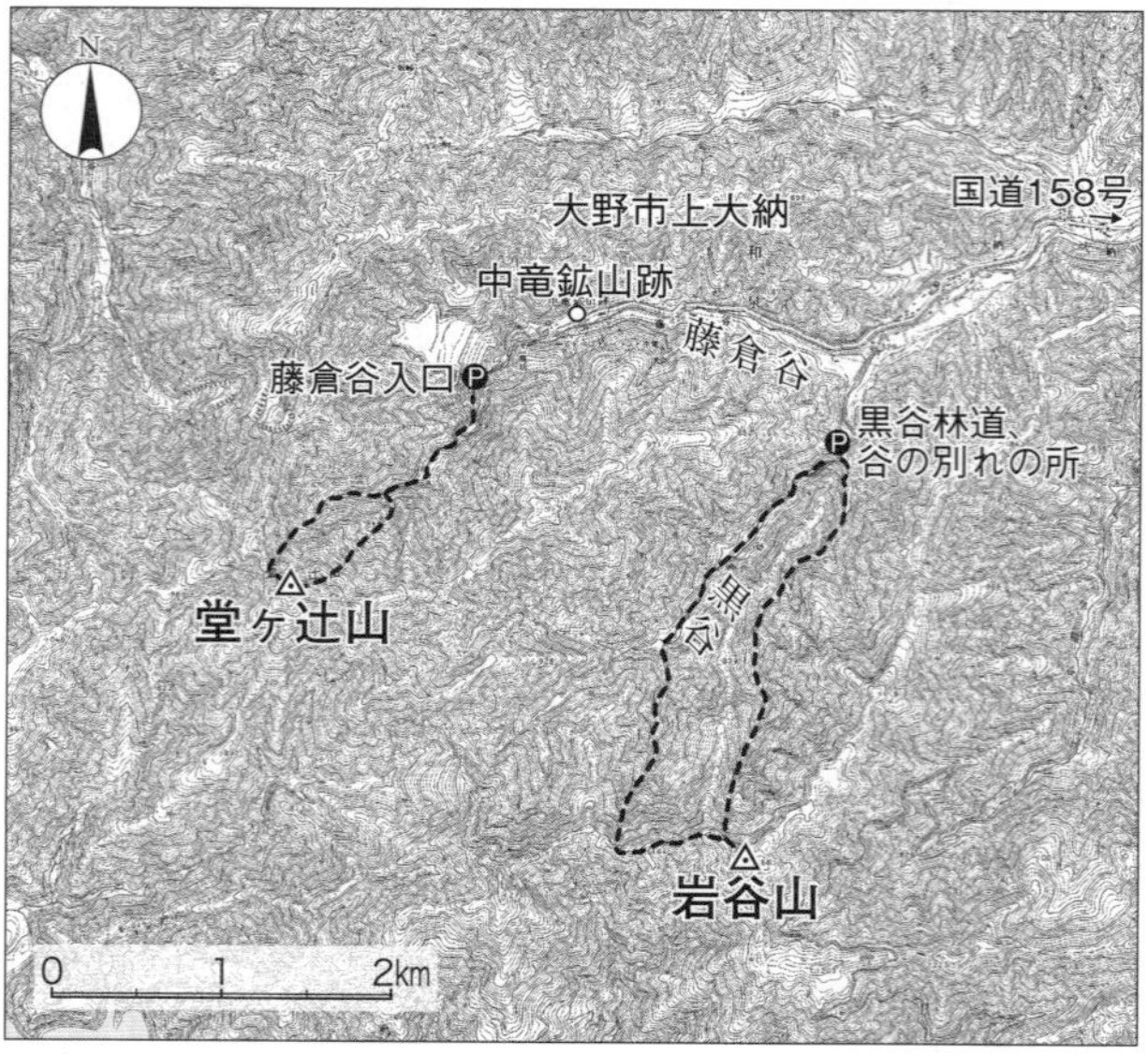

はじまりは、小さな木にぶらさがるような一気のくだり、水の流れが湧きだしてくるあたりにニッコウキスゲの花があった。山のなかがいっぺんに金色に明るくなる。やがて滝が現れる。難しくみえる滝のところでは支点の木にロープをかけ、懸垂下降でおりた。また滝があって懸垂下降、一回二回と数えていったが八回くらいでわからなくなった。十回はぶらさがったように思う。そのなかで二五メートル一本が最長だった。五〇メートルのロープを半分に使ってちょうどいっぱいだったから高さが判った。

谷の傾斜がゆるやかにかわってくる。同時に水音はおだやかになり、やがて静かになり水は岩のあいだの砂利の隙間に消えていった。あとは水のみえない谷を歩いてゆく。やがて砂防ダムが現れる。茂りあった木々に体をあずけてダムの下にまわりこむと、コンクリートの高い壁の真下に湧水があり、盥《たらい》ほどの水たまりができていた。みると大きなイワナが四匹あっぷあっぷしている。さらにそのなかにはオタマジャクシもまじっていた。谷川では餌と捕食者となる間柄だが、そんなこともいっていられない状況だった。

工藤さんがいちばん大きなイワナを掌にもって眺めている。みているとやがて首をふり水たまりにかえした。

▼登山口最寄駅　中竜鉱山跡

▼二・五万図＝中竜鉱山

堂ヶ辻山、藤倉谷の沢のぼり

一二〇五・五m

藤倉谷は今は大野市、もとは和泉村の上大納《かみおおのう》を流れていて、谷戸口で九頭竜川に合流する。と書くとかんたんだが、実は藤倉谷、昭和五十九年には、亜鉛鉱石四十万トンを採掘した中竜鉱山の、鉱床にそって流れていて、その地下には別の世界がひろがっているらしい。閉山は昭和六十二年だったが、鉱区は東西八キロ、南北四〇〇メートルだったというから、堂ヶ辻山の地下深くは、けっこう掘られているにちがいない。

平成十八年七月十五日の朝はやく、一行五人は、コンクリートの大きな施設がのこる谷あいを車で通りぬけ、沢のぼりの入り口にくる。山がせまっていて、あたりには山ふところの気分がただよう様子だった。

しかし、藤倉谷をみあげ、左に視線をまわしてゆくと、今は緑に覆われかけているが、山の斜面にコンクリートの頑丈な壁がみえている。草がかぶった道はそちらにつづいていたから、以前の坑道を思わせた。

堂ヶ辻山の三月

くもり空のもと、七時十分沢にはいる。次々にあらわれる壊れかけた施設に、鉱山の名残りを感じながらのぼった。砂防ダムが八つばかりあらわれる。これでおしまいだろう、と思っていると、またもや木の葉のむこうに白く水の壁がみえてきて、うんざりしてしまう。

それでもついに、自然のままの谷になる。雲が低く、尾根をかくすほどにおりていたから、くらい緑につつまれた谷だった。いつのまにか高い岩場がみえてきて、一〇メートルほどの滝があらわれる。

山岳会には、夏の計画があったから、この滝で、ロープあつかいの練習をしてゆくことになった。

そんなに難しくないところだが、先頭がロープをつけてのぼり、滝の途中の岩の割れ目にハーケンを打ち込んでゆく。かーん、かーんといい音が、滝の岩場にひびいた。このハーケンに捨て縄をかけロープをゆるく固定する。先頭はふたたびのぼって滝のうえでオーライとなる。滝にそってロープが張られた。あとは、張られたロープにプルージック結びにした補助ロープを、自分のハーネスからかけて、ゆるくしている結びを押しあげながらのぼってゆく。練習の眼目は、ハーケンのところにきてのプルージックの切り替え。

みんなするするとのぼってゆく。みていると、ミソサザイがはげしく鳴きながらおりてきて、滝の岩場で気迫をこめてさらに鳴く。「おまえたち、あっちへいけ」

ミソサザイはさかんにそういっている。ところが、大声のあとに、ふっとわれにかえった様子になって飛んでいったから、おかしかった。滝のむこうで、まだしきりに鳴いている。考えると、ミソサザイが人間のちかくまできて鳴く、ということは、鳥にとっては実にたいへんな、危機感あってのことだろう。きみたちのところで遊んでわるいな、と思ったが、こちらの立場を説明する方法がまるでなかった。

それから、ミソサザイは用心深くて、なかなか姿をみせない鳥だ、それがあんなに近くにくるなんて、と考えると、かーん、かーん、というハーケンの響きに興奮したのかしらん。とも思えてくる。

谷の分かれから左にはいる。雲が一〇〇〇メートルくらいまでおりてきて、尾根をかくしている。それほどではないが雨がおちてきた。左右はいつのまにかブナ林の山になっている。沢すじは、おちてきたブナの実の殻でまっ茶色になっていた。

去年は、ブナにとって、よほどの年であったらしい。小梅ほどのおおきさの殻のたいへんな量。流れの澱むところには、重なりあって溜まっている。どうしてブナの木みんな一斉に、これほどの実をつけたのか、そこのところがわからなかった。

八メートルほどの滝があらわれる。水はぐっとすくなくなっていたのだが、この滝が意外にむつかしそうだった。敏さんがハーケン二本をうってのぼってゆく。はじめがのぼってしまうとあとは助かる。こちらは、うえからのロープに力をかけてのぼった。

滝をこえると急に水がすくなくなった。あとは急峻な溝のような沢をのぼってゆく。それもおわって草の生えたところにくる。急なうえに、手がかりが草だからたいへんだ。小指ほどでも木があるとほっとする。

一本また一本と木がみえてきて、息がつけるようになる。霧のなかからブナの大木がみえてくる。すると、あたりはササのやぶにかわって、分けてゆくうちに、低い木のなかの堂ヶ辻山頂上にきた。十一時十分だった。虫がひどい。汗のにおいの強いほうに集まってくる。

みると、ちかくの木に「知者楽水　仁者楽山」と書いた札がかけてあった。知る者は水を楽しむ、と読むのだろうか。こんな札をかける者は、仁者といえるのだろうか、と考えた。エゾハルゼミがヨーギン、ヨーギンとしきりになく。

山からの帰りは、頂上から北へくだった。のぼりのふたまたの右の沢をおりる。ロープを使っての懸垂下降三回で砂防ダムの谷にでた。

あとは、ぐるっとまわってゆく林道をあるいた。草に覆われた道が、草の刈られた道にかわっていって、鉱山あとのひろがりがみえてくる。谷をひとつ埋めつくすほどの整地作業だった。おそらく残留物を考えてのことだろう。雲が高くなってヒグラシが鳴く、今年初めて聞く声だった。

平家岳、日の谷をのぼる

一四四一・五m

▼登山口　国道一五八号より林道日ノ谷線途中

▼二・五万図＝平家岳

うすく晴れていた平成十八年の六月二十五日に、平家岳、日の谷をのぼった。

車で朝はやく、九頭竜湖にかかる吊り橋をわたり、久沢川《くざわがわ》から日の谷の林道をのぼってゆく。道の様子から、あまり使われていないとわかる林道は、走るうちに荒れてきて、やがて崖くずれで前進不可能になる。

その場所は、道が東にむかっているところだった。これからさき、林道はぐるっとまわってまだまだ南につづいてゆくはずだ。しかし、車をおりてあるいてゆくうちに、道にそった日の谷はなかなかよいところにみえてくる。白い岩のあいだに滝や青い大きな淀みをつらねた、美しい流れであった。道があるばかりに、流れをみおろしながらあるいてゆく。道がなくて、川のなかをざぶざぶあるいていったら、きっとおもしろそうだと考えた。

目をあげると南になる行く手には、平家岳がゆったりとひろがっていた。尾根に分けいっている谷もゆったりしていて、日の谷は、奥ふかそうだが、せせこましいところのない谷と見えていた。

九時、道の終点にきて、沢のぼりにしては大人数の一行九人、一斉にしたくして、大きな岩がごろごろの日の谷にはいる。ばらばらになって、岩のうえにあらわれたり、岩のむこうにかくれたりでのぼってゆく。

たちまちみえてきた谷の分岐点で、東からの、黒い岩の目立つひろくほのぐらい谷にはいった。地図をひらくと、今別れたふたつの谷は、ぐるっとのぼっていって、それぞれ反対から、平家岳の頂上にむかっているとみえている。

やがて、谷に立つサワグルミの葉のしげりのあいだに、けっこう高い滝がみえてくる。一五メートルはあろうか。

神尾さんが、腰のハーネスにロープをセットして、岩場をのぼりはじめる。滝の水流にちかづいて、しぶきのしたを潜り、斜めの岩をのぼってゆく。あとはそのまま草まじりのところを越え、左にまわってうえに消えていった。ロープが固定されて、「いいぞ」の声がおりてくる。あとは一人ずつ、セットされているロープにプルージック結びで、順番にのぼっていった。

あとの方になって私の番がくる。ロープを腰に巻いてのぼってゆくと、しぶきのしたを潜るところがなかなかだった。みているのとは大ちがいだ。身体をうつ滝の水がきびしい。しかし、そのあとは手と足を交互に使うのぼりがつづいて、大きな木のしたに着く。みんなこちらをみて笑顔になっている。

「いやー、つめたかった」、といったら、水音が消えるほどの笑いになった。

黒い岩とかぶさっている木々で、ほのぐらい感じがしていた谷に、うす黄色の岩がつづくようになった。岩のうえを水が音をひそめて、滑るように流れてゆく。沢のぼりでは「滑《なめ》」といわれるところだった。

ふとみると、うすい黄色の岩のあいだに、真っ黒の岩が二層になって挟まっていた。

「この黒い岩、石炭なんだよ」、といったがだれも信用しない。そこで、むかし、平家岳で出会った石炭掘りの話をした。

平家岳、日の谷をのぼる

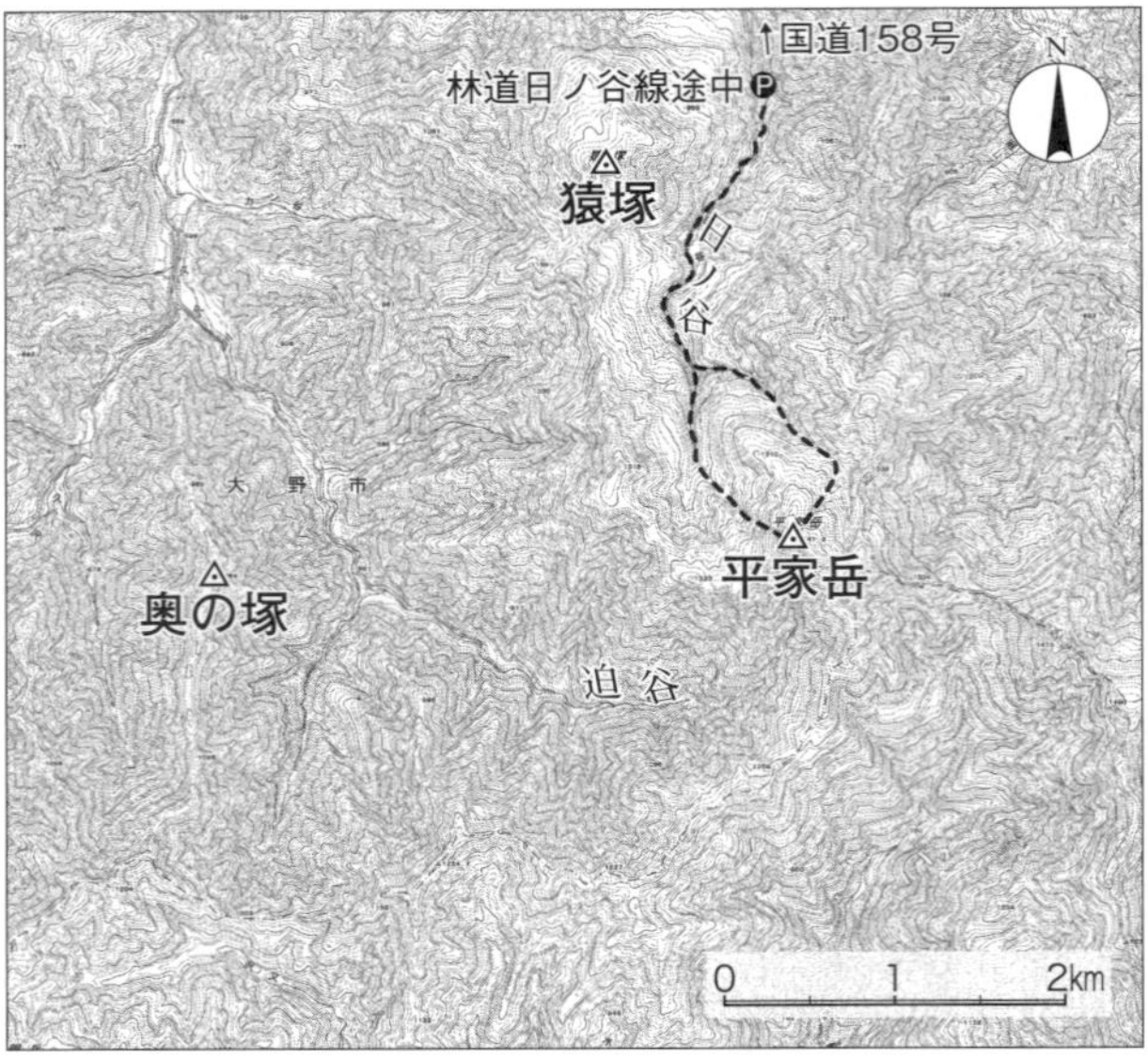

「昭和三十六、七年ごろだったと思うけど、迫谷《さこだに》から平家にのぼろうと思ってきてみると、あそこの林道がきれいでね、奥の塚山のしたで谷がふたまたに分かれるところ、あそこまでよく使われて延びていた。そしたら、道の終点からすぐ東に穴が掘られている。仕事をしているひとにたずねると、石炭掘りということだった。ここの石炭は燃しても煙のでない無煙炭で、これから岐阜の白鳥に運んで、レンタンの材料にする。と、いってたな。三人で仕事をしていた。聞いてびっくりだったのだろうか、トラックもまだ覚えている。ニッサンの一・五トン積み、色は緑だった」

話したあとにもういちど、「というわけで、この黒い岩、石炭なんだよ、それも無煙炭」、といってみたけれど、一同には、目のまえの黒い岩の層を、石炭と信じる気配はなしであった。私だって、「かもしれない」くらいに思っていたのだが。

振り返ると、谷のむこうに猿塚（一二二一・四メートル）がきれいにうきあがっている。

源流にきて、おだやかな谷となったあたりで、まわりの林相がかわった。ササのひろがるなかのダケカンバ林になって、山があかるくなった。細い沢が分かれるところでは、地図をひろげ、みんなの話がにぎやかになる。どうしても、頂上にぴったりのぼりつきたいらしい。

そのあと、源流部がけっこうながい日の谷だった。それでもおわり、わずかなやぶくぐりで稜線に出る。頂上の三角点から七メートルほど東の地点だった。ぴったりといってもいい所だろう。それがうれしい。十二時二十分だった。

みると、一三〇〇メートルあたりに黒い雲があって、遠くのながめを隠している。それでも荒島岳と屏風山が雲のあいだに、うすぼんやりとみえていた。

一時出発、こんどはのぼりの反対側、西からの谷をおりて、もとにもどる予定だ。くだってゆくと意外にも滝が多くあらわれて、ロープを使う懸垂下降が四回になった。滝があるところでの、登りと下りでは、岩場の難しさがちがうから、ロープで懸垂の方が安全だった。谷のおわりのところでは、両側が高い岩の壁になって、巨大な岩箱の底におりる気分だった。そこからあかるい谷に戻って、林道、四時。

帰りは北にむかって、日の谷林道をあるいた。すると、朝、気がつかなかった木々がみえてくる。カツラ、サワグルミ、トチなどの大木があらわれる道だった。車の地点、四時四十五分。

動く山—浄法寺山の扇谷

一〇五二・八m

▼登山口　吉田郡永平寺町的川林道から青少年旅行村
▼二・五万図＝丸岡・龍谷

福井の街から東をみて、すぐ目につく山は、屛風をひろげたような姿の浄法寺山となるだろう。遠くからながめると、この山は尾根や谷の形がはっきりしていて、子どものころは、あの山は、ぜんぶいわでできているのだろうか、と思っていたものだ。今も学校へのみちでみた山の様子をおぼえている。とくに秋。

浄法寺山をよくながめると、頂上にむかって、谷がまっすぐに延びあがっているのがみえてくる。さらに山をもっとよくながめると、頂上のすぐ左下に、扇を半開きにした形の岩場がみえてくる。岩場は冬の朝など白い三角となって目だってくるのだが、この岩場の形から(たぶん)、谷は扇谷と呼ばれている。

扇谷は、高校三年だった昭和二十六年の五月二十日に、おじさんたちにつれられて、初めてのぼった。私にはてごわかった滝(当時の山の日記には、ザイルでひきずりあげられる。とある)や、雪が残っていたことなどはよくおぼえている。

山の日記によると、そのころは日曜ごとに山にいっているから、山のぼりはたちまちうまくなって、十月には、二人の一年生とマニラ麻のザイルをつかって、いっぱしで扇谷をのぼるほどになった。それからは、夏と冬を合わせてかなりの数、扇谷をのぼった。雪の日のあとや春さきには、この谷にむかって雪崩があつまるが、お天気を見定めてでかけると、大きな山のようにもみえて、けっこうおもしろかった。

さてそれから時間がたって、平成十九年の六月に、山の仲間とひさしぶりに扇谷をのぼったのだったが、いくつかの滝の様子はすっかりかわっていて、初めての谷にきたのではないかと、びっくりさせられた。滝がむつかしくなっていた。ひょいひょいと、地下たびでのぼっていた昔が夢のよう。『動かざること山のごとし』という言葉があるけれど、山の谷は、けっこう動いているらしい、と思った。もちろん、今ではひょいひょいとはのぼれない。しかし、仲間もかなり慎重にのぼっていたから、滝の様子はかわっていたのだろう。

谷の半ばまでのぼったところに、落ちてくる水を、まともにかぶらなければのぼれない滝があった。こんな滝、昔、あったかしらん、と思ったが、思い出にひたっている場合ではないので、ほんとうに冷たい水のなかをのぼった。滝の白い水流で、足もとがみえないからたいへんだった。冷たい水を避けようとすると、右のぬるぬるの土の壁。昔の扇谷とはとても思えなかった。

谷をのぼるにつれて、両側には岩壁がつらなるようになって、その奥の日陰に、くらい滝がみえてくる。みおぼえがあるその滝をながめて、ここでもさらに驚いてしまった。

高校生のころは、滝の左の濡れた岩をのぼり(初めてのとき、ザイルで引きあげられたところ)、水流を横切って、滝の落ち口にでたものだったが、その出口にふたをするように、黒い大岩がふたつ重なっている。いつごろどうしてこんなことになったのか、と思った。もしかして滝をまちがえているかもしれない、と捜してみると、滝の下の岩の間に、古い鎖がおちている。これでわかった、まちがいなかった。

鎖は、亡くなった関谷さんと米沢さんとで、岩にボルトを打ち、かけたものだった。その鎖がさがる数年まえのこと、山の大会が浄法寺山であったときは、大勢の高校生がぞろぞろと、うれしそうに扇谷をのぼった。ぞろぞろのときは、私は滝のうえからザイルをおろす係だった。谷の状態はかわった。今では、とてもぞろぞろはできない。

どういう条件のとき、大岩がふたつもおちてくるのだろうと思った。

大岩にふたをされて、滝はのぼれないとみてとれたから、少し戻り、木々につかまって左を急登し、ニッコウキスゲの花があった岩場を横につたっていった。やがて、安定した木が立つところにくる。そこからロープをおろしての懸垂下降

で、滝の上流にでた。そのあいだは景色が新しく、まったくしらない谷の気分だった。

この日の沢のぼりでは、谷のおわりが近いところから、私のわがままで、左に分かれる小沢をのぼることにした。のぼれそうでいてやっかいな小滝が、次からつぎと現れる。これはまずいところにきたか、と思ううちに、あたりがぱっと明るくなる。空がひろくなっている。みると、福井の街からながめて三角岩の、扇壁の真下にきていたのだった。

水の見えなくなった沢は、壁の右にそってつづいてゆく。のぼるうちに扇壁の様子がみえてくる。ところどころで草をまじえた岩壁は、それほどの急傾斜ではなかった。しかし、木々が茂る山のなかに、高さおよそ一〇〇メートルの岩壁がひろく、白くひかってつづいていた。

扇壁だけをみていると、小学生のころの、「あのやまは、ぜんぶいわでできているのではないだろうか」、と思ったことが、まあ、当たっているような景色だった。

雪渓の扇谷をのぼり浄法寺山から高平山へ

一〇九一m

▼登山口　永平寺町的川林道

▼二・五万図＝丸岡・龍谷

平成十七年の四月十日は、午後になって南風がつよく吹いた日だった。

七時四十分、林道が的川からはなれる所に車を止めて、川にそったみちをまずのぼっていった。このあたりのまわりは、すっかり春の様子となっていて、日があたっている山の斜面では、ふくらみはじめている低い木々のあいだに、ダンコウバイとマメザクラの花がみえていた。

高い沢鳴りを、聞くともなく聞きながらのぼってゆく。みちが沢をわたっているところでは、雪解け水が分厚くとろりと岩をこえていた。しばらく流れをながめたあと、走るように沢をわたる。さいわい、靴のなかが濡れることはなかった。一行七人のうち、六人はわたらずに向こう岸をのぼってゆく。

木々にさえぎられて、むこうがみえなくなっているとき、悲鳴がきこえてきたが、そのうちなにごともなく合流する。聞いてみると、だれか、沢におちたということだった。

四月になっていて、あたりの残雪は、スギの下にわずかにみえてくるくらい。まえにのぼった三月の扇谷とはずいぶんちがっている。山が里にちかいから、そのぶん春がはやくくるのだろう。

扇谷の雪渓

それでものぼるうちに、木の芽のふくらみはかたくかわり、山はだに灰色がめだってくる。沢では、岩壁のあいだに雪渓がつづくようになった。この谷では、まわりの沢や岩壁から、雪崩がよくくるから雪が溜り、春の一時期は雪渓の谷となる。

気持ちよく雪のうえをのぼるうちに、雪渓がすぱっと切れ、滝の水音が聞こえるところがあらわれる。四月上旬は、扇谷の雪渓のぼりに、もう遅い季節になっているのだろう。するとよいときは三月だが、三月は雪崩の季節。まえにのぼったときは、大物が出たすぐあとだった。このあたりが、浄法寺山の雪渓のぼりのむつかしいところ。

滝を避けて、谷の右を高くのぼって壁の下をよこぎり、木を握って背伸びして雪渓におりる。ロープをしまいながら、栃木さんが、「目からうろこですね」、といったのでうれしかった。低い山にしては思いがけない岩と雪渓の眺めに、そういったのだろう。

このあと、滝は二ヵ所であらわれていたが、どちらも横の斜面からこえていった。雪の急斜面でピッケルを使う場面あり。

沢の右が、つららを並べたひろい岩壁にかわってくる。尾根のむこうからちょうど日が差してきて、岩のうえのうすい氷が、白くうきあがって光る。振りかえって、沢のゆくえをみおろすと、谷間のむこうに、日をあびている福井の街が、かすみのなかにひろがっていた。福井からみて、扇谷でいちばんめだつところ、白くひろがった雪渓のまんなかに私たちはいる。

あたりが白いひろがりとなった上流にきて、ただ一ヵ所だけ水音が聞こえていた滝を避け、頂上のすこし南にむかって、まっすぐにつづいてゆく沢をのぼることにした。この沢も福井の街からみえている。とくに冬には直線の谷となって。

沢にはいると雪はやわらかくなった。一同かんじきをつける。ぐさぐさの雪をぐっとのぼって稜線にでる。ひとつ低い峰をこえると、あとわずかなところに、頂上の見はらし台がみえた。

お天気がかわりはじめていた。朝の青空が日差しのあるうすぐもりになっている。それで大気のかすみが濃くなっていた。遠くの山はみな、にごりのなかに沈んでいる。

雪渓のぼりがおわってこれからが縦走。まず東へ白くひろい斜面をくだり、一面の雪の原をとおって、大葉山にのぼってゆく。のぼるほどに木は大きく高くなって、気持ちのよい林となっていった。

雪の尾根だった大葉山の頂上の、東の端にたつと、高平山をよくながめることができた。なんと遠くにみえることか、しかも高く。およそ五〇メートルの高低差だったが、とても高く感じられた。こ

二月、高平山から浄法寺山を眺める

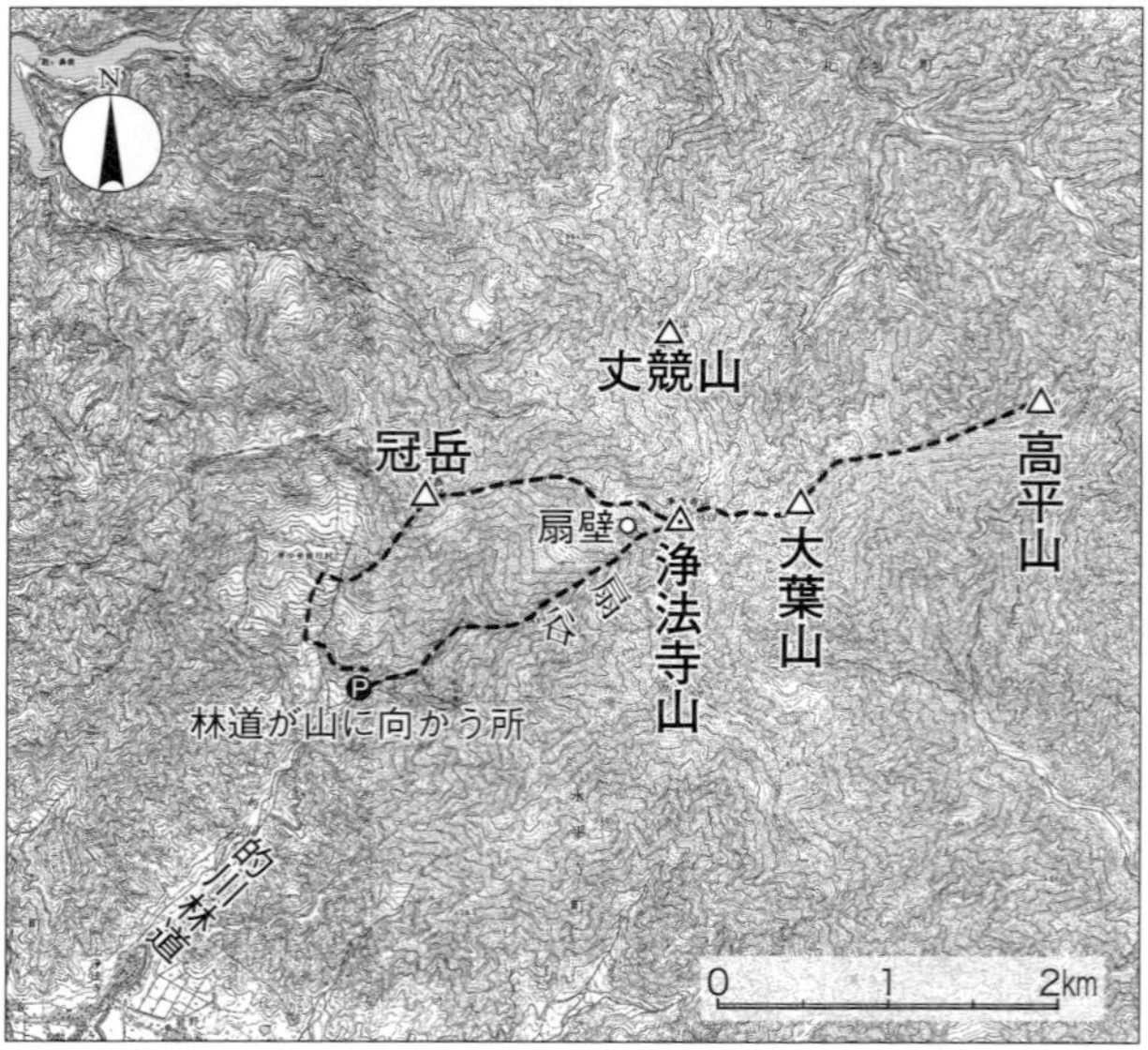

ちらはかなりくたびれていたのだろう。

休んでいるあいだに、高平山にのびあがっている尾根をさらによくながめた。尾根は三段かさねにせりあがっている。あそこをのぼってゆくとき、あらわれてくる段のところで、あとどのくらい、と引き算するように考えることもできるだろう。

かんじきでのくだりは簡単だ、一気にブナの立つ鞍部にきてしまう。いよいよこれからが高平山のはじまり、南側に雪の庇をのばして、雪山らしくなってきた尾根をのぼってゆく。ここにきて、身体からエネルギーがきえていることがわかった。栃木さん、神尾さんからあっというまに離される。うしろの方はばらばらになるのぼりだった。

一段目のゆるいところがあらわれて、尾根が細くなり、二段目。それから三段目、あとわずかとおもっていると、そのあと頂上はすぐちかくだった。さきに着いていた二人は、雪稜にスコップをいれて、雪のテーブルをつくっている。ちょうど半分ほどできあがったところだった。十時五十分到着。

雪のテーブルをかこんで賑やかなおひる。風が強くなっていたので、テーブルの陰でガスコンロをつかった。

帰り、風陰のテーブルから雪の尾根にでると、南風がさらに強くなっていた。南のはるかかなた、かすみのなかに光っている九頭竜川の流れのあたりから、南風は山を走り、のぼってくる。その風がいやになまあたたかかった。おりてゆくと、尾根から南にのびている雪の庇が、どんどん解けているのがわかった。大葉山をこえ、さほどのこともなく浄法寺山にもどる。あとは、夏の山みちを利用するコースをとった。冠岳からおりてゆくと、さらにあたたかくなってくる。キャンプ場から的川にむかうころは、春の花の山を下る気分だった。ちかくの山肌に白とうす桃色の花がまじっている。ちょうどむこうになってきた浄法寺山をぐるっとみてゆくと、谷すじの思いがけないところに滝がみえていた。雪解け水がふえているのだろう。

車の所、十五時三十分。

高平山の沢のぼり

一〇九一m

▼登山口　竹田川林道から水上谷

▼二・五万図＝龍谷

今回の沢のぼりで使った谷の名前は、詳細な地図『竹田川』木村日出夫氏製作、によっている。なお、この地図では、高平山はたんに高山と記入されている。竹田地区ではあの山はむかしから、高山と呼ばれてきたのだろう。竹田川の源流域でいちばん高い山になる。ただ、この文では、まえの章の高平山とのつながりで、山の方は高平山と書くことにした。

平成十九年の十月の晴れた日に、早川さん、神尾さんと東水上谷《ひがしみずかみたん》から高平山にのぼった。竹田川の林道を車できて、八時三十分、水上谷《みずかみたん》にはいる。本谷の林道から枝分かれしている道は、すっかり荒れていて、車の走行は不可能になっていた。

しばらく林道のあとをあるいて谷にはいると、なめらかな岩に赤いぬめりがあった。夏のなごりで、目に見えない生物がまだひろく岩を覆っていたのだろう。水上谷をわずかばかりのぼり、東からながれてくる東水上谷にはいる。水が冷たくなった。

ゆるくはじまった沢をのぼってゆく。まわりには、クサギの赤い実、山ぶどうの様々な青の実、ミズキの赤い実などがあらわれて、沢の景色はにぎやかだった。木の葉が少なくなって山があかるくなっている。沢のなかから夏のくらさがきえていた。

キッチョ谷《たん》が合流してくるところにくると、西水上谷へゆく林道が左からあらわれて、谷を横切っていた。

竹田川上流のブナ林

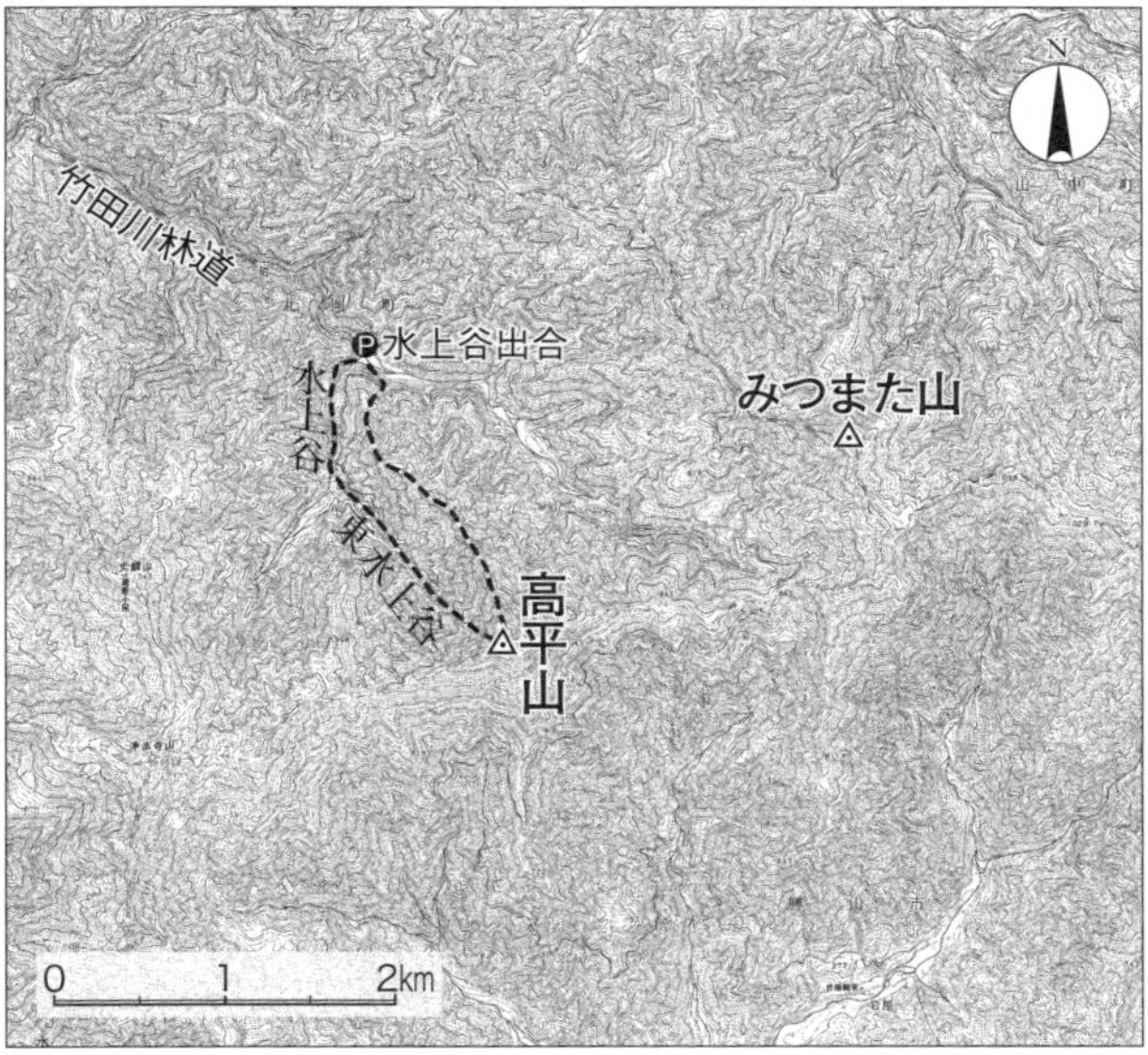

突然の林道の出現に、うかつにおどろいた私にも、たちまち、そうだったのかと、みえてくるものがある。

「この林道だったら、なんどもとおったね、谷から浄法寺山にのぼったときも」、そういうと、とっくにふたりは承知していて、

「ナメコがいっぱいあったじゃないですか」と笑っていう、あっそうだったといちどに思いだした。あのときは、紅葉がきれいな山だったが、山の斜面一帯に伐り倒されて、白く放置されているブナをみて、大いに憤慨していたら、おりてゆくうちに、あたりはナメコの山となっていたのだった。どれくらい採ったろうか、味をしめて、つぎの年の秋、みつまた山にゆく途中に、わざわざ寄りみちしていくと、うってかわってなにもなかった。そこで、山のナメコは、特定の場所で一年きりのものとわかった。

林道をこえて、さらに東水上谷をほんの少しのぼってから、大壁谷《おおかべたん》にはいる。谷が深くなって水音がたかくなってきた。滝があらわれる。きれいな滝壺をみせているものなど、みなそんなに高くはなかったが、こえるのに難しいものもまじっていて、神尾さんに、二回、助けてもらった。

それも、本格的にロープを使うのぼりではなくて、さきに滝をのぼった神尾さんに声をかけ、上から短い補助の綱をたらしてもらい、その綱を頼りにのぼる方法だった。安心感があるとらくにのぼれる。

うしろに大倉谷山(一般に小倉谷山といっている)が、いよいよはっきりしてくる大壁谷は、沢の形が山の斜面にうすくなってゆく谷だった。地形の判断がややこしくなる。そこは二人におまかせして

よろしいように、とのぼってゆくと、一〇五〇メートルくらいのところで沢の水がみえなくなった。あとは黄色の葉がすくなくなって、すけすけしてあかるいやぶを、両手もつかってのぼってゆく。ひかる空がちかづいてきて、尾根にでる。みまわすと、うれしいことに高平山の頂上にぴったりだった。二人の地図読みと地形判断のみごとさには、感心するばかり。十一時十五分だった。

頂上といっても、この山には三角点がない。ないから、土地の確定点がないようで、ふわふわして寂しい感じがある。また、山のてっぺんらしい空間が、まったくなかったから、低い木を押しひろげて遠くをながめた。

白山に雪がきている。秋の大気はつめたく澄んでいて、能郷白山からつづいてゆく山なみや、敦賀半島の西方ヶ岳までがみえていた。もちろん、低くおりてゆくと茶色にみえている山のむこうには、九竜頭川の流れとうす枯色の田のひろがり。

帰りは、頂上から北北西にのびているながい尾根をおりた。美しく紅葉したブナがつづいてあらわれる。そのあいだのケモノみちに助けられてあるいた。途中に、みごとに黄色くなったタカノツメ二本がならんでいた。十五時、車のところ着。

雲谷山の沢と尾根

七八六・六m

▼登山口　ＪＲ小浜線三方駅から三方石観音
▼二・五万図＝三方

平成十七年の七月十七日に、今古川《いまこ》から雲谷山《くもだにやま》にのぼった。谷を知るひとのあいだで、今古川は若狭でいちばんの谷といわれている。そこでどんなところかと、早川さんにさそわれて、若狭町の北前川（集落の名前）から、谷ぞいの林道をのぼっていった。道は高くつけられていて、花崗岩の谷がふかくみえている。周囲には照葉樹が多くみどりが黒くみえていた。シカの骨がちらばっている。早くもという気分。

ひろがる青空、行く手に大きな砂防ダムがみえてくる。みちはダムの右側、そこで、じぐざぐにのぼってゆくみちを追ってダムをこえ、谷にそって奥にはいっていった。やがてみちは沢にくだる。そこから私たちは何の不思議もなく、たちまちあらわれた滝を、よろこんでのぼっていったのだったが、これが今古川の沢のぼりとしては失敗だった。

あとでわかることだが、ダムのすぐ上流で左に分かれている本流をみすごして、みちにさそわれ、まっすぐにのぼってきていた。すくなくとも私は気がつかずに沢をのぼっていった。東にむかっているからこれでよいと思っていた。そのうちに、「これはおかしい」、と早川さんがいう。地図をよくみると、たしかにおかしかった。今古川は雲谷山にぶつかって、複雑にまわりながらぐっとのぼっているのだが、いまいる沢にその複雑さがあらわれない。右の谷にきていることに気がついた。いまさらもどるには遠い。

「こうなったら、まっすぐのぼってしまおうか」「それしかないね」、ということで私たちは沢をのぼっていった。

花崗岩の谷があかるくなってくる。気持ちのよい白い沢。一時間半の溯行のあとに、急傾斜地にきた。水はすくなくなっていたが、高い滝があらわれる。はじめは一五メートルくらい、つづいてさらに高い滝。どちらも滝の横のやぶをのぼる。

このあと、もうこのあたりから、ということで尾根にでてそのままのぼっていった。イバラとサルトリイバラにさんざん悩まされる。やがて尾根の木々は植林の杉にかわり、踏みあとをゆくうちに、ひょいと林道にでた。

雨水でふかい溝が刻まれ、今は使われていない林道。私たちは道どおりに北へ、ぐるりぐるりと尾根や谷をめぐっていった。山にはシロツバキが

咲いている。その白い花のしたから東のやぶにはいり、頂上を目ざした。ブナの尾根をのぼってゆく。木々のむこうがあかるくなって、いよいよてっぺんにきた、と思った。ところが三角点はみえなく、これまでのぼって知っている雲谷山の頂上とは、まるでちがったところだった。今日ははじまりからおかしかったが、いったいぜんたいどこにきてしまったのだ、と思ったね。

地図をひらいてしばらくして、雲谷山の南の峰（七八九メートル）のすこし南、尾根が別れる所にいると判ってくる。すると不思議なもので、もやの多いお天気のなかで、はっきりしていなかった山々が、個性のある顔をみせるようになった。

あとは、大きなブナがあらわれる尾根を北にゆき、十二時二十五分に頂上についた。帰りは神妙に登山道をくだる。

＊

同じ年の八月二十一日に、山岳会の六人で今古川をのぼった。晴れた朝、七時にあるきはじめる。砂防ダムにきて、たちまち前回のまちがい地点がみえてくる。あのときは道にさそわれてしまったが、本来は左の斜面を急登し、尾根をこえ、こんどは沢へ急下降するところだった。その急下降がすごくおそろしかった。斜面を覆っているヤブツバキの枯葉が、ほんとうによくすべる。履いている沢たびのフェルト底は、枯葉と相性がよいのか、二メートルあまり滑りおちる始末だった。沢におりて、白い花崗岩のうえにきて、やれやれこれで安心と思ったからおかしい。

沢をのぼると、たちまち滝があらわれる今古川だった。入り口の八メートルあまりをこえると、すぐ次がみえてくる。気持ちのよい岩をのぼり、ときには水流のなかをのぼって滝をこえていった。途中で、沢のあらましの記憶がみだれてくる。いったい何本の滝をこえてきたのか。五人のつわものについてゆくだけでたいへんだった。記憶も記録もやめてのぼってゆく。

およそ一〇メートル、二段の滝があらわれる。ここで仲間はロープを出し、滝の岩場をのぼりはじめる。ひとりがまずのぼり、ロープを固定して次ののぼりを助ける。クライミングはおもしろいが時間がかかる所だった。

本来ならば、みんなと一緒に行動しなければならないが、時には老人になったりするわがままで、滝ののぼりを避けて高巻き(滝のすぐ脇のやぶをのぼり、滝のうえに出ること)をした。お陰さまで、一行の先頭になる。さきをゆく気持ちよさで岩をこえてゆくうちに、沢は山にぶつかってぐっと右にまわってゆく。その曲がりにくると、高い滝がみえてきた。

一五メートルほどだったろうか。水は一気におちている。はじめは、とてものぼれないと思った。それでも、ながめているうちに、落下している水流のうしろに、左ななめにつづく岩のスロープがあることに気がついた。あそこだったらと思う。

のぼってみると、本当に滝の裏をゆくスロープだった。ばしばしと水のはじきが体をうつ。とはいっても、岩のぼりとしては簡単なところで滝のうえにきた。

振り返ると、ちょうど、ロープをしまった仲間たちが滝にむかってやってくる。そこで思わず、「滝のうしろがルート、冷たいぞ」と叫んでしまった。

その次の滝は、右を高巻きしてこえる。こえた滝のうえがすばらしいところだった。谷幅いっぱいに露出している花崗岩には、美しい流線を描いて白い溝が、幾筋もきざまれている。そのなかを水は音もなくながれて、落下の寸前に岩の突起にぶつかり、ちいさな扇に空中にひろがっているのだった。「なんというとこや」「かわいい」、一同の声がそろう。

源にきて、今古川は平凡な沢になった。のぼるうちに林道にぶつかる。道をわたると、山の傾斜はゆるくなり、伐採あとに雑然と木々がしげるところとなった。そのあいだで、わずかに水のみえる沢は、いくつにも分かれてゆく。一行は地図をひらいて協議、まっすぐ頂上につきたいらしい。

のぼりはじめから、およそ四時間で雲谷山の頂上につく。

帰りは遠い山みち、ふもとの石観音さまがちかくなるころ雨になる。

尾根の巻

若狭の旧三方町では、ＪＲ小浜線も国道も南北一直線につづいている。この直線に平行して、山もほぼまっすぐにつづいている。三十三間山から雲谷山、矢筈山《やはずやま》のあたり。この山なみの南半分は、いつしかあるいてしまったから、今度は北の半分をあるこうと、快晴だった平成十八年の十月三十一日に、早川さんとふたり、三方の藤井から、串小川ぞいの林道を車でのぼっていった。

谷は途中から、おだやかなところにかわってゆく。そのなかほどに古びた板が、はなれて二枚あり、そこに大虫、小虫、と書かれていた。集落跡なのだろうか、谷ぞいの小さな平地は杉林だった。

およそ三〇〇メートルまで車でのぼり、古いみちから尾根にでた。シカの群れが駈けのぼってゆく。シカがいるからには、尾根のやぶは薄いだろうと考えたが、そうはいかない。はじめの南むきの尾根では、痛いやぶになやまされた。それでもがまんして、ぐっとのぼって六〇〇メートルをこえてゆくと、あたりは紅葉のブナ林になった。下草がみえなくなって歩みが早くなる。

尾根がひろくなったところや鞍部がかったところには、トリカブトが集まって咲いていた。紅葉の林と紫色の花、公園をあるく気持ちになる。シカの食べないトリカブトが殖えた結果の景色。きれいだね、といっているだけでよいのだろうか、と思ったがこれはどうしたものか。

十時三十分に雲谷山の頂上につく。さてここから、地図では簡単だが、矢筈山につづいてゆく、ながい尾根にはいるところで二度も失敗した。おりてゆくと、へんなぐあいに山がみえてきてしまう。しかし、はじまりはただの斜面のその尾根をつかまえると、興道寺(集落の名前)からのびてきているみちの跡がみえてくる。気のせいかと思うほどかすかに。やがて、追うほどにみちの跡はつながって、尾根にきざまれた溝にかわってくる。落ち葉に埋もれ、木が生えている溝。

十二時ちょうどに興道寺への分岐にくる。みちの名残りは、分かれている尾根にそってつづいていた。分岐から矢筈山への尾根は、はじまりから固い灌木が密生するところだった。すかすかのブナ林やみちの跡を、ながくあるいたあとだから、ひどくこたえる。「シカさんこっちの山にもきて、木を食べてくれよ」とつい思ってしまう。勝手なものだ。

ばりばりとヤブツバキをくぐりながらのぼってゆく。やけに暑いところだった。やがてどこからともなくけものみちがあらわれて楽になる。矢筈山の鞍部、矢をつがえるところに、昭和六十一年の二月にきたときは、雪が水気をふくんでいて、池がかくれているのかな、と思ったものだったが、きてみると、木がぎっしりのただの尾根。

二時に頂上につく。見晴らしは冬の方がぐっとよいところ。あとは、西への尾根をくだって病院裏の空地にでた。二時三十分。

岩籠山と中山の二つの谷

(岩) 七六五・二m
(中) 七八六・八m

▼登山口　黒河川林道
▼二・五万図＝駄口

平成十六年の九月と十月に、黒河川《くろこがわ》から岩籠山《いわごもりやま》と中山にのびあがっている、ふたつの谷をのぼった。ひとつは、くちなし谷。もうひとつは、滝ヶ谷であった。くちなし谷という名前は黒河川の地形図で知り、滝ヶ谷の名称は、橋のガードレールに貼られたプレートでおしえられた。

谷をのぼってわかったのだったが、どちらの谷の名前も、谷の様子をよく表現しているものだった。つまり、くちなし谷は出口も入り口もない谷、滝ヶ谷はそのとおりで滝からはじまる谷。いかにもつねひごろ、山で仕事をしていたひとたちが、符牒としてつかってきたと思われる名前だった。

そして、岩籠山と中山をむすぶ南北につらなる山なみから、ならんで西におりてくるふたつの谷は、よく似た谷であった。名前から想像されるように、入り口のきびしい谷。それがのぼってみると、双方とも、上流はゆるやかにひろがって、すこしまえには、人々の作業の地だったことをしめす地形が、次つぎにみえてくる谷であった。

九月十九日、くちなし谷から岩籠山にのぼる。

黒河川は花崗岩の谷をながれてくる。林道からすこしおりて目あての谷にはいると、そちらでも、うすい黄色の小砂利がひろがる谷だった。やさしそうな平凡な谷。それが流れをくるりとまわると、両側が急な崖となり、その奥に一〇メートルほどの滝がみえてくる。ぱっとみて、滝はのぼれそうになかったから、谷の右の草まじりの岩場をのぼった。のぼってみると、下からの予想よりもむつかしい。これでは先が思いやられる、と谷全体をみまわすと、むこう側の崖にのぼれそうなところがみえてくる。そこで、戻って左のがらがらの急なところをのぼり、左からきていた小さな尾根を越えて、くちなし谷にかえった。

「はじめから、いきなりだったね」、といいながら白い岩の谷をのぼるうちに、またもや両側が壁になってくる。そのさきに一〇メートルくらいの滝があった。やっかいそうな滝。両側の壁をぐるっとみまわしてみる。「どこにもいいとこがないな」、ということで、岩の壁をみあげながら五〇メートルほどもどり、右の林をななめにのぼった。

右の尾根から谷にむかって突きでている大岩がある。そのしたを、まわりこむように上流にむかうと、小さな台地にでた。すると、なんと植えられたヒノキの林(手入れはなかったが)。炭窯のあとがある。これより切り開きをたどるうちに、みちのあとには、崖にそって切り石がならんでくる。もうそのあたりは古いみちであった。荷車が通れそうな道。くちなし谷のこのあたりでは、上流からおりてきて、仕事をしていたのだろう。まさに谷の名前にふさわしい様子だった。

道に生えている灌木をはらいながらあるくうちに、石垣積みの堂どうとした橋のあとにくる。そこで谷をわたり石垣をのぼり、古い道をたどった。二万五千分の一地図にもでている第三の滝は、道からみおろしてゆく。橋の跡は三ヶ所だった。

谷のむこうの空が白くひろがってくる。第三の橋の石垣をのぼり、キイチゴのやぶを分けてゆくと、ひょっこり林道にでた。ここまで九十分かかった。なんだかへんな気分で林道をあるいてゆく。「この林道は、黒河川の道からきているのだろうね。たぶん、むかしの道のとおりに」、私たちは、林

石垣積みの橋跡

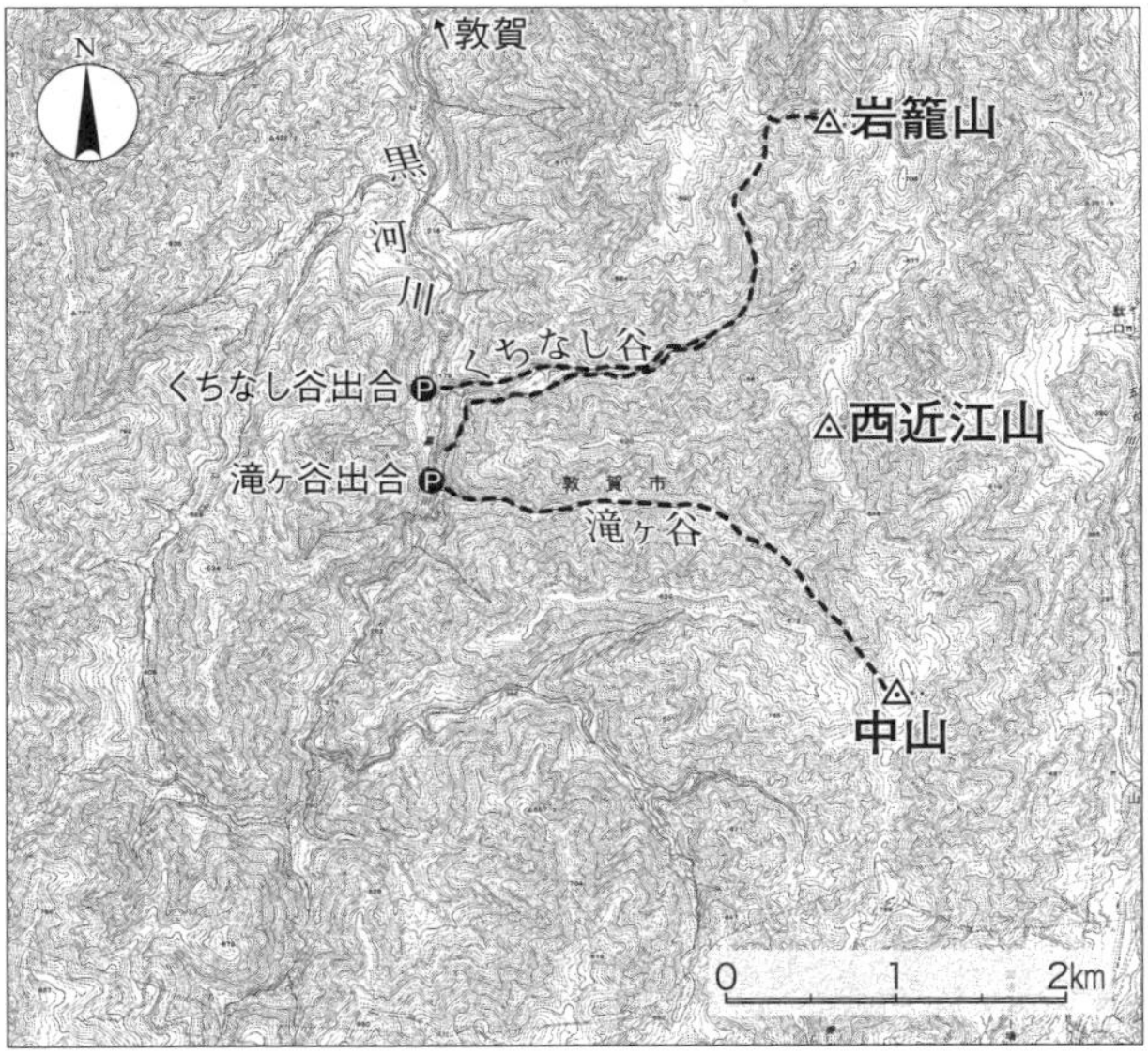

道についての想像を披瀝しあった。

くちなし谷は源流地でゆるやかにひろがっている。あたりは伐採跡の植林地だった。むかしのひとは、くちなし谷の奥に、小さな河内があることを知っていて、ながいあいだ利用してきたのだろう。険悪な谷の入り口を避ける道を尾根に開いてきたのだろう。その古いみちのあとが、この林道になっているにちがいない。だいたいそんなことをはなしながらあるいていった。

植林地のさきの杉林で谷はふたつに分かれていた。左にはいる。杉がみえなくなってコナラの林の、敦賀の山の谷になってくる。白い岩の谷。
四、五メートルの、やさしい滝をのぼっているときのことだった。さきをゆく酒井さんが、ストックをはらったとたんに、青白いヘビが二匹降ってくる。「のぼったらいたのでびっくりした」、ということだったが、頭上からおちてくる大きなヘビには、こちらはさらにびっくり。もっとびっくりしたのは、当のヘビにちがいない。
さきののぼりをだいぶ残したところで、沢から水がみえなくなる。あとは浅いやぶを分けてかなりのぼり、市橋からの登山道にでる。谷の入り口からちょうど四時間かかって、十一時二十分に頂上についた。くもり空で少しさむい。

帰りは、頂上から林道まではのぼりのコース、あとは林道をぐるりぐるりとあるいていった。早川さんと酒井さんが、畑づくりについてしきりにはなしている。二人にはつきない話題があるようだった。くだりは二時間三十分。

十月十日、滝ヶ谷より中山にのぼった。橋のガードレールで谷の名前を知り、谷にはいると、いきなりの難関だった。岩の壁にはさまれた滝がみえている。かんたんにはとおれそうにないので、林道より左岸のやぶを強引にのぼってゆくと、あれっ、という感じで古いみちに出合った。木はかぶっているけれどしっかりしたみち、約一キロほどみちに助けてもらって沢にはいる。花崗岩の美しい沢であった。白い岩がつづく。

くちなし谷の沢のぼりから、約ひと月がすぎて、山は秋のさなかになっている。枯葉が谷に重なって、谷あいには秋の明るさがつづいていた。のぼりはじめには晴れていた空が、暗くかわってくる。するとおかしなもので、沢の水がけっこう冷たく感じられるようになった。

上流でゆるやかになる滝ヶ谷は、炭焼きの跡が、次つぎにあらわれる谷であった。窯の跡は二十もあったろうか。最高点は七〇〇メートルくらいに達していた。

水がみえなくなったあともつづいている沢の地形をたどるうちに、霧のなかにはいる。ちょうど源流地にきて地形がややこしくなるところ。白い幕からあらわれてくる低い木々をみつめながら、じくじくしている草地をのぼった。

木々がさらに小さくなってくる。中山の四等三角点は、風衝木となっているリョウブの茂みのあいだにあった。くらい霧のなかの頂上、国道をゆく車の音が、かすかにきこえてくる。

昭和三十三年三月 北アルプス横断日記

十三日　晴

一時五十六分福井発、大糸線の汽車は雪のなかを走る、姫川のひろい川原がまぶしい。スキーをかかえた郵便屋さんが二人づれで乗ってくる。白馬岳、五竜、鹿島槍ヶ岳など、せまるように見える高さはいつものとおりだった。大町駅まえのベンチで、一時間半ほどバスを待つ、終点の笹平から二回の休みをいれて、雪のみちを葛温泉まで歩く。客は私ひとりだった。夜、雨になる。

十四日　雨のち晴

朝ごはんのときは、谷あいに霧がかかり小雨がおちていた。今年になって初めての雨と聞く。温泉がみえなくなるまがり角でスキーをつけた。七倉沢まではちかい。崖の下をとおってしばらくのところに、大きな底雪崩が出ていた。しばらくしてもうひとつ。それからさき、雪崩のあとは次つぎにあらわれる。小さな沢がきているところが危ない。うっかり休むこともできなかった。

高瀬川の瀬音にまじって底雪崩の音がきこえてくる。そのうち、雪崩を二回、目撃した。三ノ沢橋と濁小屋の鉄橋でゆっくり休む。橋の上まで雪崩はこないだろうと考えた。濁沢をすぎて、みちが右岸にわたると雪質が変わり、雪崩はみえなくなる。スノーボールはならんでおちていたが。

第五発電所からは音のない高瀬川の谷が、白くまっすぐにつづいてゆく。スキーをすべらせるようにあるいていった。あと少しで取り入れ口のところで、シールのバンドが切れる。夕方になって、雪が凍ってきたからだった。

湯俣川出合いのほとんど柱だけの小屋で、五人の仲間が、きわめて原始的な方法で餅つきをしていた（残念なことに、その餅つき方法を今はすっかり忘れている）。今日は川原に温泉を掘り、雪のなかではいったといって笑っていた。（湯俣の標高は一五三二メートル）

夜おそく、まっくらな高瀬の谷の遠くに灯りがあらわれる。燕岳（二七六三メートル）を越えて、小路谷《こみちだに》をおりた永野と藤川がやってきた。二人のかんじきの紐は、かたく凍りついていてなかなか解けなかった。

十五日　晴のちくもり

昨夜おそく着いた二人は休養。Ａパーティと呼ばれることになった佐々木、松岡、相羽、増永は、ルートづくりとコースをみるために出発。雪は凍っていたので、かんじきはザックにつけて

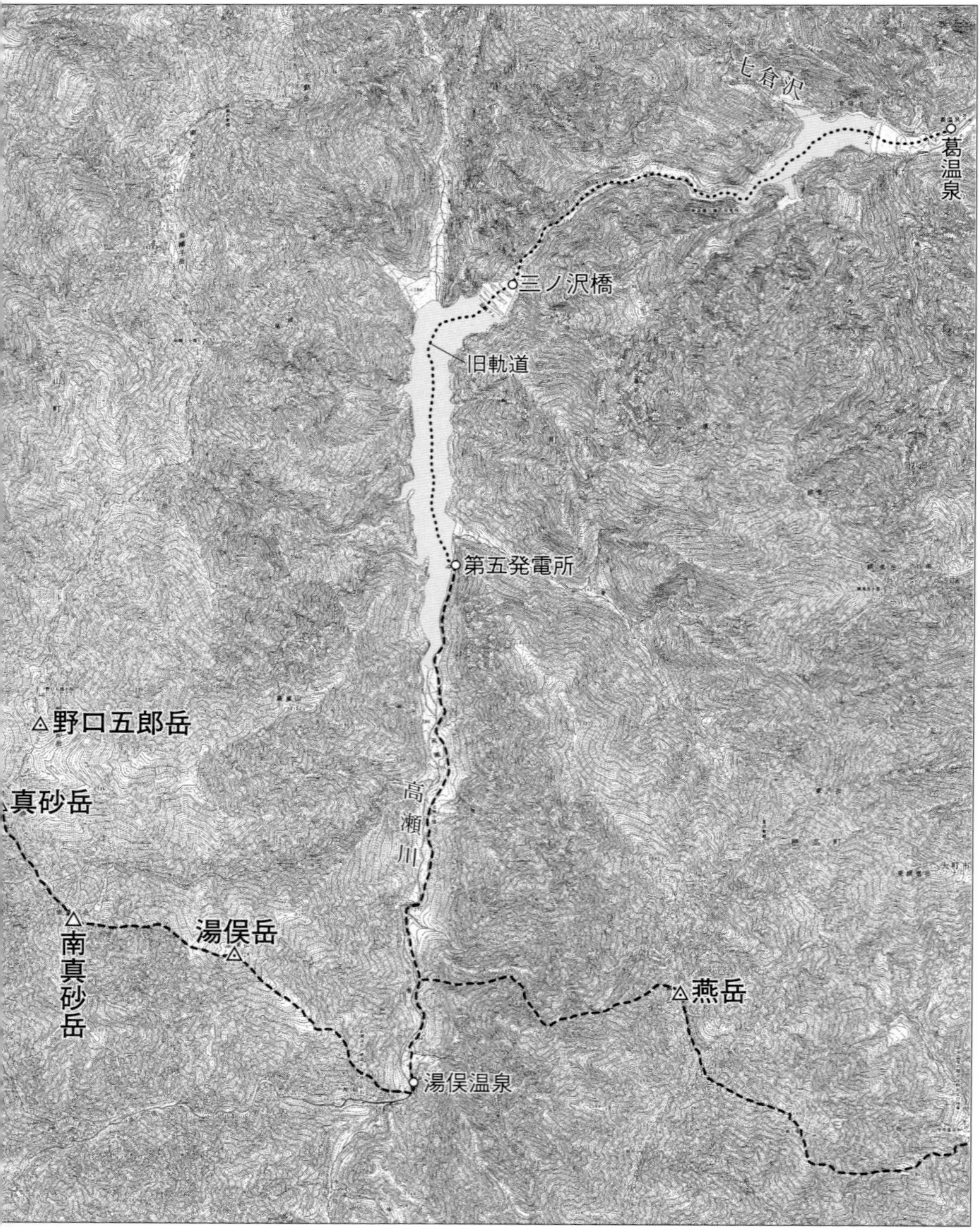
七倉沢
葛温泉
三ノ沢橋
旧軌道
第五発電所
野口五郎岳
真砂岳
高瀬川
南真砂岳
湯俣岳
燕岳
湯俣温泉

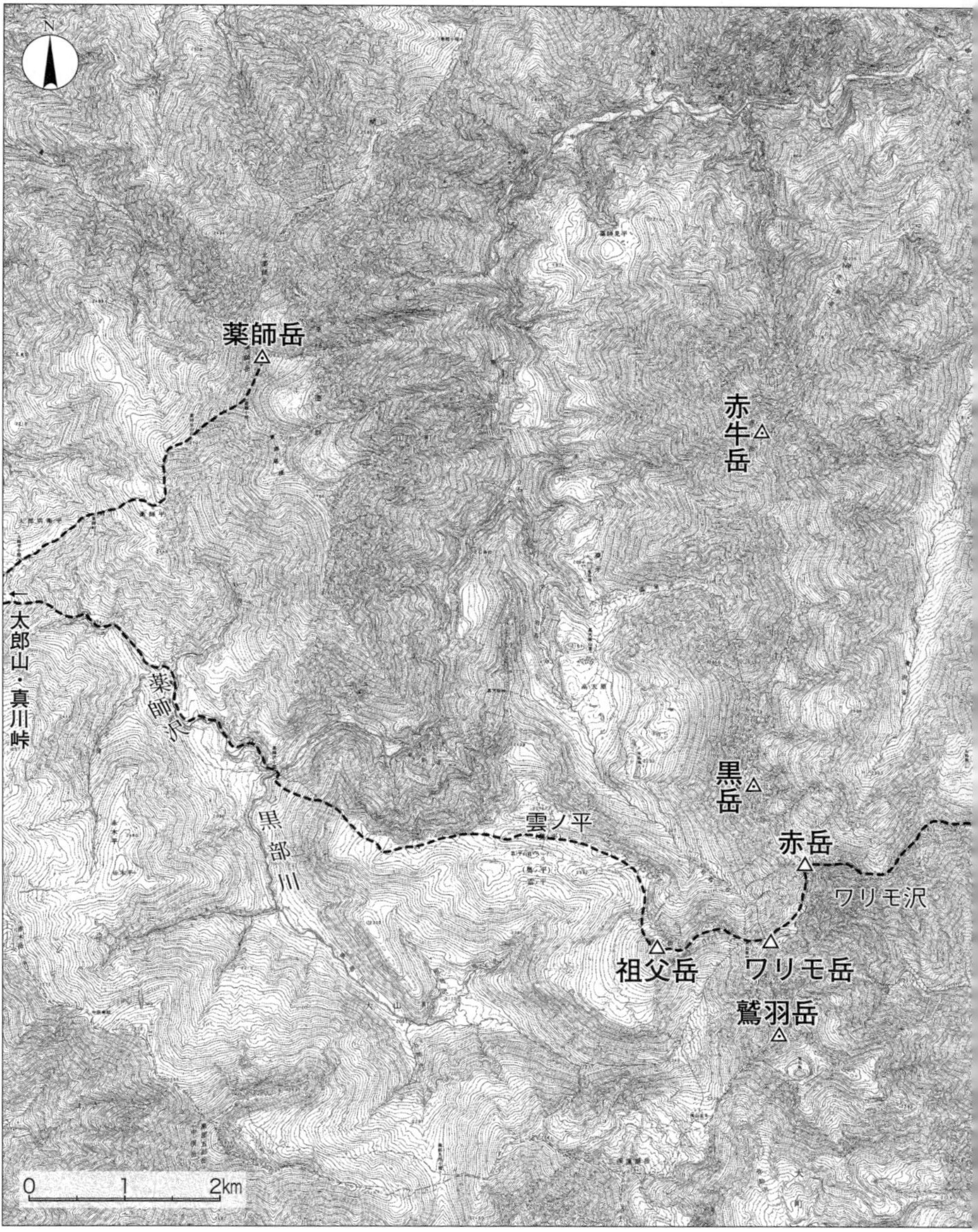
N
薬師岳
赤牛岳
太郎山・真川峠
薬師沢
黒部川
雲ノ平
黒岳
赤岳
ワリモ沢
祖父岳
ワリモ岳
鷲羽岳
0 1 2km

でる。湯俣川をわたり、湯俣岳から東にのびている尾根の末端にむかう。ところが、カラマツのあいだにくると、たちまち靴は深くもぐり、かんじきをつける。雪崩の跡の、雪の樋のような斜面にかんじきをけりこんでのぼり、雪庇を切って尾根にでた。

あとは細いカラマツの尾根をのぼる。正午についた湯俣岳（二三七九メートル）の頂上は尾根がながくのびたところだった。ここからみると、野口五郎岳はどこからでものぼれそうだ。しかし、行く手の南真砂岳《みなみまさごだけ》（二七一〇メートル）には、日陰になっていてくらくみえるところがあったから、ゆっくり休む気持ちになれなかった。しかし、のぼってみると急にみえていたところは案外だった。アイゼンなしでできていたものだから、そのさきの凍っていた斜面で大いに緊張させられる。

南真砂岳の頂上は丸くて、西側にガレがむきだしになっているところだった。風をさけて寝転んでやすむ。結晶になった霧がおりてきて、鷲羽岳がしだいにみえなくなる。帰り、朝ののぼりで樋のようだったところは、なかなかめんどうなくだりだった。

十六日　晴

Aパーティは三十分先行する。南真砂岳にもそのくらいの差でついた。昨日、頂上に立ててきた赤い旗は、ひとつも残っていなかった。風が吹くところなのだろう。帰り、カモシカをみた。横断に必要な重いものは、スキーもふくめて運びあげた。

十七日　晴のち風雪

南真砂岳の東側に雪洞を掘る。Ａパーティは泊まり。入り口にさげた布はビニロンのオレンジ色だから、入り口を塞いでゆく雪の量がよくみえる。積もる速さがみるみるという感じだった。夕方、雪かきをする。外にでると、入り口の穴で風が渦を巻く、そのあいだは作業は中止。夜半、もう一回雪かきをする。そのときは、強い風とみぞれだった。（雪洞の雪かきに神経質になっていたのは、まえの年、白馬岳で雪洞が埋没して、あやうく窒息しそうになったことによる。眠っていて朝までだれも気づかなかった。）

十八日　風雪つよし

雪かきにでると、雪洞入り口がとても小さくみえる。いきなり風がまともに吹きつけると、息ができなくなる。手袋で顔を覆ってこらえる。みると佐々木もそうしていた。雪かきは一時中止にして、入り口の上壁からピッケルで穴をあけ、ベンチレーターをつくる。

十九日　風つよし　くもり　吹雪　晴

九時ごろからボッカにでる。一斗缶をふたつづつザックにいれ、佐々木と二人、雪洞からアイゼンで出発した。お天気が悪くなるきざしは明らかだった。赤岳、鷲羽岳には灰色の雲がうるさくまといついている。真砂岳にかかるころから、ガラガラの岩場になる高瀬側をトラバースした。ここに三〇メートルザイルを固定。次に、ワリモ沢よりをアイゼンをよく利かせてトラバースして、裏銀座の稜線（穂高岳から白馬岳につづくながい山脈の一部分）にでる。尾根には大きなシュカブラがならんでいて一歩ごとにもぐった。黒部からの強風が東沢より、一直線に舞いあがってくる。頂上に荷物をかためて置く。帰り、稜線をはなれると風はなかった。この日、Bパーティがのぼってきて、隣に雪洞を掘り、A雪洞と窓でつないだ。隣の床は五〇センチほど高い。

二十日　吹雪　のち晴　風つよし

正午ごろから、時どきお日様が照ったりするお天気になり、リーダー永野を困らせていたが、佐々木のひと声で行動することになる。私と佐々木は空のザックでさきにでる。あとは、残りの荷物を背負ってでた。昨日のラッセルは吹雪に消えていたが、雪はかたく、アイゼンでどんどん尾根をのぼった。しかし、真砂岳までは遠く、裏銀座の稜線に出たときは、すでに日の光はすっかり斜めになっていて、赤牛岳のいくつもの沢には、夕方の空の色が写っていた。

真砂岳で昨日の荷物をザックに収め、さきを急ぐ、カタパンもあるきながら食べた。赤岳ののぼりにかかるころになると、雲は赤く染まり稜線からちぎれて飛ぶ。私たちはピッケルとアイゼンをつかって、氷で光る岩峰をいくつも越えた。のぼりの最後のところ、そこでは氷の急斜面に、アイゼンの歯がたたないくらいにうすく粉雪がのっていて、いやな感じがする。

その急所をのぼって振り返ると、ワリモ沢よりにトラバースした方が安全なことがみえてくる。佐々木とトラバースしてみて、帰りのコースをおさらいした。

赤岳の頂上は夕焼けの色だった。雲の平も赤くひろがっている。太郎の小屋がはるか彼方にけ

ワリモ岳へ向かう横断パーティ

雲の平へ出発する朝

し粒くらいにみえていた。頂上に荷物を固めて置く。帰りは、加藤文太郎の本の知識から、沢をくだって尾根にでることにする。ここでも、氷の斜面に雪がたまってやっかいだった。それでもくだっていちばんいやなところを避ける。真砂岳で灯りをつけた。

南真砂岳のガラガラの岩場にさしかかるところで、ワリモ沢からいきなり強風が吹きあげてくる。ピッケルでこらえたまま動けなくなるほどだった。空に黄道光がみえている。佐々木と、これからさきは一気にゆくしかないな、と話し合った。永野もそうしょうという(はじめの計画では、赤岳の二重山稜のところに雪洞を掘るつもりだった)。湯俣岳からではだいぶ遠くなるが、雲の平をこえて黒部川まではゆけるだろう。

湯俣岳のうえに、灯りをもった加賀谷が立っていた。その光は、はるか遠くからでもみえていたものだった。

二十一日　晴　無風

赤岳まで先頭でのぼったが、夕べとはまったくちがった山にみえた。おだやかな鷲羽岳の大きさ。頂上で佐々木からスキーをわたされる(ここまで担いでくれた)。永野、藤川、増永は荷物をまとめ、それぞれのザックにスキーを載せる。予定ありで下山する佐々木とは握手して別れた。佐々木の目が光る。

ワリモ岳の青く光る斜面を横切って雲の平への稜線にでる。ザックに横置きしたスキーの先が、氷にふれるぐらいの斜度だったが、アイゼンが気持ちよくささった。わずかにみえていた祖父岳（二八二一メートル）の標柱はエビノシッポで真っ白だ。遠くの山までくっきりみえる眺め、白い山々のまんまんなかにいるという気分がする。

雲の平は一面のシュカブラだった。それも五〇センチくらいのもの。スキーで雲の平をゆく、という予定は早そうにあきらめて、かんじきで、シュカブラのうねりをひとつひとつ越えていった。みるみる暑くなってくる。空にはうす雲がひろがってきていたが、真っ白な平からの反射はなかなかのものだった。

あるいてみると、雲の平はいくつもの段で区切られているところだった。黒部へのくだりはずぶずぶの雪に足をとられたが、それほどでもなく、方向は、シラベのあいだにみえている薬師沢で見当をつけることができた。だいぶ斜めにくだったようだ、おわりのところで壁のうえにでる。そこで、上流にすこしもどって夕暮れせまる谷におりた。

黒部の谷はあつく雪に覆われていた。それでも、ところどころには深い穴があってのぞくと、とろりとした流れがみえていた。岩魚がはしる。二本のシラベのあいだを踏み固めて寝ることにした。ツエルト（簡易テント）は吊らずに、ふとんのようにかけるつもりだ。食料を調べていっぱいあるのに、藤川がおどろいている。うす雲は去っていたがふたたびくもってくる。雪が凍りはじめる。

二十二日　くもり

スキーをつけて、薬師沢をのぼる。こちらにも流れのみえる深い穴があいていて、ヂグザグに進んでいった。薄日がさしてくる。上流にきて、太郎山からの尾根にはいる。あとはキックターンをくり返してのぼっていった。太郎山に立つと、灰色のシュカブラのひろがりのかなたに、小屋が小さくみえてくる(そのころは、ひと間きりの小屋だった)。小屋の中にもかなり雪が溜まっていて、きれいにするのに長い時間がかかった。

落ち着いたころに、京都大学の四人が黒部五郎岳からくる。私たちが片隅によせた雪を動かして、寝るところを作っていた。みるともなくみていると、京都は米なしの食事だった(でたばかりのインスタントラーメンを使っていた)。そこで、夕食の一部を交換しあって、うまい、といい合う。

二十三日　快晴

薬師岳(二九二六メートル)にのぼる。スキーを

薬師岳頂上

二六五八メートルの峰に置き、あとはほぼみちどおりにのぼった。横着してアイゼンなしだったから、氷があらわれると苦労した。途中、鳶谷《とびだに》から強風が吹きあげてきたが、頂上は無風だった。日本海から槍ヶ岳までみえる頂上、もちろん黒岳もみえている。その陰になっているけれど、そのむこうには真砂岳と湯俣岳があるはずだった。当たり前に、はるばるきたものだと思った。「みんなにおくってもらったな」と、しみじみとした調子で永野がいう。小屋にもどり、外でゆっくりしょうとしたが、空からきらきら光る粒子がアルミコップに吹きこんできて、くつろいでもおられなかった。

二十四日　晴

真川峠から有峰にくだり、高原川の跡津にでた。真川へのくだりで、去年の五月の記憶にある景色がきえる。それでも、徒渉点はすぐみつかった。池のようになったところで流れがみえていた。あとはスノーブリッジ。もちろん、徒渉なしで雪のうえをゆく。真川峠へは、しめったザラメ雪の一気ののぼり。京都大学が追いかけるから永野がとばす。

一度とおっているから、峠はすぐわかった。ひろい雪野原の尾根を横切るだけで、尾根のたわみを通るわけではないから、初めてのときは考えるだろうと思う。「ラッセルしてもらって助かった、馬力ありますね」、といわれる。永野くすりと笑う。

尾根からすこしくだるとトロッコの線路がみえ、そこから、北側にくると雪に覆われるみちがつづいていた。永野と藤川はかんじきをつける。この春の有峰ダムの工事はすでに始まっていた。道路を歩いているとトラックがきて乗せてくれる。

トラック荷台のみはらしはよかった。ぐるりぐるりと枝谷をなぞり、深い谷間におりてゆく。跡津に着くと、猪谷への軌道の終発はかなりまえにでたあとだった。道路も橋の工事で通れないという。私たちは旅籠にはいった。サッポロビール二本で乾杯する。(パーティの学年、リーダーの永野と藤川は三年、佐々木は四年、私はOBになって一年目だった)

宮沢賢治と霧の山

宮沢賢治の名前をきいて、おおくのひとは「雨ニモマケズ」の詩を思いだされることだろう。詩の好きなひとだったら、生涯でただ一冊の詩集(ほんとうは、ここで詩集ということばはつかえない、賢治は詩集の語をきらい「心象スケッチ集」としていた)『春と修羅』から、賢治のすべてを理解していた妹トシとの別れの詩、「永訣の朝」をあげるかもしれない。たかい熱のあえぎのなかで、トシは兄に「庭の松にたまっている水雪がほしい」とねがう。

けふのうちに
とほくへいつてしまふわたくしのいもうとよ
みぞれがふつておもてはへんにあかるいのだ
　　(あめゆじゆとてちてけんじや)
うすあかくいつそう陰惨な雲から
みぞれはびちよびちよふつてくる
　　(あめゆじゆとてちてけんじや)

青い蓴菜のもやうのついた
これらふたつのかけた陶椀に
おまえがたべるあめゆきをとらうとして
わたくしはまがつたてつぽうだまのやうに
このくらいみぞれのなかに飛びだした
（あめゆじゆとてちてけんじや）
蒼鉛いろの暗い雲から
みぞれはびちよびちよ沈んでくる
ああとし子
死ぬといふいまごろになつて
わたくしをいつしやうあかるくするために
こんなさつぱりした雪のひとわんを
おまへはわたくしにたのんだのだ
ありがたうわたくしのけなげないもうとよ
わたくしもまつすぐにすすんでいくから
（あめゆじゆとてちてけんじや）

詩はまだながくつづいてゆくのだが、ここからさきは省略。
さらに賢治の作品については、イーハトヴ童話（賢治はこう書いています）としての「注文の多い料理店」や「どんぐりと山猫」をあげるひともいるだろう。それから「セロ弾きのゴーシュ」、いやいやそれよりも、「風の又三郎」「銀河鉄道の夜」というひともありそう。では、おまえはどうだ、ときかれそうなので答えておきます。「風の又三郎」。

山好きの読者として、ひろい種山ヶ原で、囲いのそとにでてしまった馬をおいかけて、今どこにいるかもわからなくなってしまった嘉助がみたものは、わすれられない描写になっている。

嘉助は咽喉一杯叫びました。

「一郎、一郎こっちさ来う。」

ところが何の返事も聞こえません。黒板から降る白墨の粉のような、暗い冷たい霧の粒が、そこら一面踊りまわり、あたりが俄かにシインとして、陰気に陰気になりました。草からは、もう雫の音がポタリポタリ聞こえて来ます。

嘉助はもう早く、一郎たちの所へ戻ろうとして急いで引き返しました。けれどもどうも、それは前に来た所とは違っていたようでした。第一、薊があんまり沢山ありましたし、それに草の底にはさっき無かった岩かけが、度々ころがっていました。そしてとうとう聞いたこともない大きな谷が、いきなり眼の前に現れました。すすきが、ざわざわざわっと鳴り、向こうの方は底知れずの谷のように、霧の中に消えているではありませんか。

風が来ると、芒の穂は細い沢山の手を一ぱいのばして、忙しく振って、

「あ、西さん、あ、東さん。あ西さん。あ南さん。あ、西さん。」なんて云っているようでした。

〜(現代かなづかいにした)〜

霧の山のなかで、みちがわからなくなったときの感覚、突然、まわりの景色がまったくちがってみえてきたときの感覚を、このように書けたのは、賢治がよほど山を知っていたからにちがいない。気がつくと、まわりはまったく知らないところ。立ちつくしていると、あたりでススキがかってにうごいている。それを、「あ、西さん、あ、東さん。あ西さん。あ南さん。あ、西さん。」と書くところなど、まったくすごい。みちがわからなくなったとき、ほんとうにこのようにみえてきますからね。

賢治が生まれた岩手県の花巻と東の太平洋とのあいだには、北上山地がひろがっていて、その南部は種山高原とよばれている。この高原が「風の又三郎」の舞台となった種山ヶ原であろう。この作品に地名はみえないが。

賢治の〈童話〉には「風の又三郎」に先行する「種山ヶ原」があって、こちらは、「原」で馬を飼っている兄のところに、牛を追いながら弁当をとどけにゆく、達二のはなし。

種山ヶ原についたとき、どうしたのか、牛はにわかに北の方へ馳けだしてしまう。

……せいの高い草を分けて、どんどん牛がはしりました。達二はどこ迄も夢中で追いかけました。そのうちに、足が何だか硬張ってきて、自分で走っているのかどうか判らなくなってしまいました。

それからいろいろあって、「兄な。兄な。牛ぁ逃げだ。兄な。兄な。」とさけんでも、草ふかい霧の高原から、何の返事も聞こえない。黒板から降る白墨の粉のような霧の粒が、そこら一面踊りまわり、あたりが俄かにシインとして、とつづいてゆく。このあとは、「あ、西さん、あ、東、さん。……」まで、「風の又三郎」につかわれた文章と、まったくおなじ文があらわれる。ひろい種山ヶ原で、自分が今いるところが判らなくなったときの感覚、それを少年の心で表現する文章を、よほど気にいっていたにちがいない。ということは、もちろん賢治も山で迷ったことがあり、山で迷うほど山をあるいていて、それほど山が好きだったことを示している。

また、賢治は、『春と修羅』（第二集）のなかに「種山ヶ原」と題した作品も載せている。北上山地の南の種山ヶ原、さまよいたくなるほど好きなところだったのだろう。

まっ青に朝日が融けて
この山上の野原には
濃艶な紫いろの
アイリスの花がいちめん
靴はもう露でぐしゃぐしゃ
図板のけいも青く流れる
ところがどうもわたくしは
みちをちがえているらしい
ここには谷がある筈なのに
こんなうつくしい広っぱが

ぎらぎら光って出てきている
小鳥のプロペラアが
三べんもつづけて立った
さっきの霧のかかった尾根は
たしかに地図のこの尾根だ
溶け残ったパラフィンの霧が
底によどんでいた、谷は、
たしかに地図のこの谷なのに
ここでは尾根が消えてゐる
どこからか葡萄のかをりがながれてくる
ああ栗の花
向ふの青い草地のはてに
月光いろに盛りあがる
幾百本の年経た栗の梢から
風にとかされきれいなかげろふになって
いくすじもいくすじも
ここらを東へ通ってゐるのだ

ほら、という感じ。賢治は朝霧がはれたばかりの種山ヶ原にたっていて、まわりの色彩と香りをよろこんでいる。霧のなかからみえてきたあざやかな景色。しかし、どうやら「みちをちがえているらしい」。

そこで、まわりを観察する。地図をひろげて。するとそのつぎに、

「谷は、たしかに地図のこの尾根なのにここでは尾根が消えている」

という地図への不審なまなざしがあらわれる。

私が山のぼりをはじめたころは、地図といえば黒一色の時代だった。賢治が詩のなかでみつめている地図のように。私たちも、地図をひらき、山をながめて、ああでもない、こおでもない、といい合っていたものだ。

黒の時代、地図の等高線は地上観察で描かれていたから、山の奥にはいるほど、実際の地形と地図の地形とのへだたりは大きかった。賢治のころの地図は陸軍参謀本部管理。それだから、詩のなかで、地図のまちがいを指摘する表現に遠慮がみられる、と私は思う。でもこの遠慮は、当時の軍の勢いを知る者としてはあたりまえのことになる。そんな時代だった。

ところがどうもわたくしは
みちをちがへてゐるらしい
ここには谷がある筈なのに
こんなうつくしい広っぱが
ぎらぎら光って出てきてゐる

みちに迷ったことからみえてくる新鮮な景色に賢治は目をむける。

迷ったことで、思いがけずあらわれた景色をみて、こんなところだったのだ、と驚く気持ちを私はしっている。それから、今いるところがわからなくなってきて、あたりをみまわしたとき、まったく、よそよそしくみえてくるまわりの木々のことなどは、よくしるところ。そんなとき、ススキはほんとうにぐらぐら動いていますからね。

評論家のたれもが無視しているようだが、賢治の詩をあつめた『春と修羅』には、「東岩手火山」という、山好きなものには忘れられない詩が載っている。かぞえてみると一八三行もあるながい詩で、夜の岩手山にのぼり日の出を待つ、という構成の作品。

宮沢賢治は盛岡高等農林学校本科を一九一八年に卒業し、同校の研究生となった。その研究項目は岩手県稗貫郡の「地形及び地質」、その調査報告書はいまものこっている。地形と地質がテーマであるから、ふるさとの山谷をあるきまわったにちがいない。そのことにかさねて、ひとり文学をこころざし、またその一方で農業指導をめざしていた。

賢治の興味は多岐にわたり、ほかの主なところでは、西洋音楽をレコードで聴くこと、ＳＰレコードのコレクションはたいへんなものだったといわれている。（それから宇宙）。

地形と地質へのつきない興味、それから心の表現に日々精魂を傾けているから、詩には地質の用語がよく出てくる。ここに例をあげておきます。

あるいは白亜紀砂岩の層面に

透明な人類の巨大な足跡を
発見するかもしれません　（『春と修羅』の序より）

山はぼんやり
岩頸だつて岩鐘だつて
みんな時間のないころのゆめをみているのだ　（同、「雲と信号」）

地形と地質がよく勉強できるところは山だろう。賢治は山をあるくことが好きだった。故郷の山をあるいた。弟の宮沢清六がつくった年譜によれば、盛岡中学校一年のときから、しばしば一人で岩手山に登山とあるから、そもそも天性の山好きだったのだろう。明治という時代を考えると、のちに深田久弥が日本百名山のひとつに選ぶ岩手山は、そう簡単にちかづける山ではなかったはずだ。その山に、短かかった生涯のうちに何回ものぼった。（長編の詩「東岩手火山」のなかに十何べんもきているとある）。

盛岡高等農林学校研究科を卒業後ややあって、賢治は一九二一年から岩手県立花巻農学校の教諭を五年間つとめているが、「東岩手火山」は一緒にのぼっている同校の生徒たちに、夜の山の深さ、朝の山のさわやかさ、山の歴史の悠久さをかたる内容となっている。ただし、岩手山の山岳信仰にはふれないで。賢治のまなざしには、山が好きでたまらない気持ちがあふれている。もちろん、賢治は山のよさを語って止まないのだから、語りの相手、同行している生徒の名前は詩のなかに、登場してくる。名前も作品のひとこまとなっている。

藤原が提灯を見せている
小田島治衛が云っている
それはきっと河村慶助が……と、

〈先生、中さ入ってもいがべすか〉
〈ええ　おはいりなさい　大丈夫です〉

というように。先生、のひと声で、宮沢先生と農学校の生徒だなとわかってくる。それではここから「東岩手火山」の紹介。最初に八行の序があって、そのつぎから、

〈こんなことはじつにまれです
向ふの黒い山……って　それですか
それはここのつづきです
ここのつづきの外輪山です
あすこのてつぺんが絶頂です
向ふの？
向ふのは御室火口です
これから外輪山をめぐるのですけれども

いまはまだなんにも見えませんから
もすこし明るくなつてからにしませう
ええ　太陽が出なくても
あかるくなつて
西岩手火山のはうの火口湖やなにか
見えるやうにさへなればいいんです
お日さまはあすこらへんで拝みます）

それから少しあとのほうで、

　ああ　暗い雲の海だ
（向ふの黒いのは早池峰です
線になつて浮きあがつているのは北上山地です
　うしろ？
　あれですか
あれは雲です　柔らかさうですね
雲が駒ヶ岳に被さつたのです
水蒸気を含んだ風が
駒ヶ岳にぶつつかつて
上にあがり

あんな雲になつたのです
鳥海山は見えないやうです
けれども
夜が明けたら見えるかもしれませんよ）

さらに、賢治は根っから理系のひとだ、それがあらわれてくる。

（じつさいこんなことは希なのです
わたくしはもう十何べんも来てゐますが
こんなにしずかで
そして暖かなことはなかつたのです
麓の谷の底よりも
さつきの九合の小屋よりも
却つて暖かなくらゐです
今夜のやうなしづかな晩は
つめたい空気は下へ沈んで
霜さへ降らせ
暖かい空気は
上に浮かんで来るのです
これが気温の逆転です）

賢治は花巻農学校をみずから退職したあと、近隣の農家のために、「無償」で田畑の肥料設計をし、稲作の指導をした。そのころの岩手は、三年に一度は冷害がくるといわれていたところ。賢治の関心は気象にもむかっている。

さらに、賢治の視線は空の彼方にとどけられる。空気の澄みきったたかい山のうえで銀河をみるひとだった。

〔それではもう四十分ばかり
寄り合つて待つておいでなさい
さうさう　北はこちらです
北斗七星は
いま山の下の方に落ちてゐますが
北斗星はあれです
それは小熊座といふ
あの七つの中なのです
それから向ふに
縦に三つならんだ星が見えませう
下には斜めに房が下がつたやうになり
右と左とには
赤と青の大きな星がありませう

あれはオリオンです　オライオンです
あの房の下のあたりに
星雲があるといふのです
いま見えません
その下のは大犬のアルフア
冬の晩いちばん光つて目立つやつです
夏の蠍とうら表です
さあみなさん　ご勝手におあるきなさい
向ふの白いのですか
雪じやありません
けれども行つてごらんなさい
まだ一時間もありますから
私もスケツチをとります）

漆黒の空をみていて自身の心が興奮するものを、生徒たちに伝えたい気持ちがあふれている。山のうえでみる星空の、ふかさと正確さ。今ではハッブル宇宙望遠鏡から、オリオン座にある星雲の、すごいとしかいいようのないカラー写真がとどけられているが、賢治が生きているとしたら、まっさきにみせたいもののひとつ。なんというだろうか。

「東岩手火山」はつづいてゆく。

二十五日の月のあかりに照らされて
薬師火口の外輪山をあるくとき
わたくしは地球の華族である
蛋白石の雲は遥かにたたへ
オリオン　金牛　もろもろの星座
澄み切り澄みわたつて
瞬きさへもすくなく
わたくしの額の上にかがやき
　さうだ　オリオンの右肩から
　ほんたうに鋼青の壮麗が
　ふるへて私にやつて来る

鋼青としかいいようのない、朝を予感させる光のひろがり。

「東岩手火山」はさらにつづいてゆくのだが、賢治は実際このように、生徒たちに語っていたのだろう。賢治は語ることが好きなひとだったらしい。洋楽のレコードを聴きながら、実況放送をするように「いまこんなところと物語りをはなしていった」、という証言がのこっているくらいだから、「東岩手火山」の詩のフレーズのように夜の山で語っていたことだろう。山のふかさについての、湧きでる思い。

『春と修羅』第二集から、もうひとつ山の詩をあげてみる。

早池峰山巓

あやしい鉄の隈取りや
(無)数の苔から彩られ
また捕虜岩の浮彫と
石絨の神経を懸ける
この山巓の岩組を
雲がきれぎれ叫んで飛べば
露はひかってこぼれ
釣鐘人蔘のいちいちの鐘もふるえる
みんなは木綿の白衣をつけて
南は青いはひ松のなだらや
北は渦巻く雲の髪
草穂やいはかがみの花の間を
ちぎらすような冽たい風に
目もうるうるして息吹きながら
踵を次いで攀ってくる
九旬にあまる旱天つづきの焦燥や

夏蚕飼育の辛苦を了へて
よろこびと寒さに泣くやうにしながら
ただいっしんに登ってくる
　　　　……向ふではあたらしいぼそぼその雲が
　　　まっ白な火になって燃える……
ここはこけもも とはなさくうめばちそう
かすかな岩の輻射もあれば
雲のレモンのにほいもする

こちらの詩は、早池峰山(百名山にはいっている岩手の山)にのぼってくる農民たちに、心をそわせてうたわれている。冷たい風が吹きすさぶ頂上に、日照りつづきの心配や、苦労おおかった蚕の飼育をおえた農民たちが、きびすを接するようにのぼってくる。賢治のまなざしは、気象のきびしさに耐えている山頂一帯の自然にむけられているが、そのまなざしは、同時に、気象に耐えている岩手の農民たちに重なってくる。農業指導に心を傾ける賢治に、山は別の顔をみせている。ひとのいとなみにはまったく無関心で、荒あらしいふるまいをみせる山。それでもひとは山を目ざしてのぼってくる。目をうるうるさせながら。山のご褒美は、かすかな岩のぬくもりと、雲のレモンのかおり。賢治はやさしい心の持ち主だった。

しかし、心をこめた肥料設計や農業指導が(すべて無償だった)、日照りや冷害のために裏目にでるときがある。岩手のお天気はあてにならない。農民たちは天気による不作も賢治の指導の結

果として、補償をもとめることもあったといわれている。『春と修羅』第三集から

もうはたらくな

もうはたらくな
レーキを投げろ
この半月の曇天と
今朝のはげしい雷雨のために
おれが肥料を設計し
責任あるみんなの稲が
次から次と倒れたのだ
稲が次々倒れたのだ
働くことの卑怯なときが
工場ばかりにあるのでない
ことにむちゃくちゃはたらいて
不安をまぎらかさうとする、
卑しいことだ

……けれどもああまたあたらしく

西には黒い死の群像が湧きあがる

春にはそれは、

恋愛自身とさへも云ひ
考へられてゐたではないか
さあ一ぺん帰って
測候所へ電話をかけ
すっかり濡れる支度をし
頭を堅く縛って出て
青ざめてこはばったたくさんの顔に
一人づつぶつかって
火のついたようにはげまして行け
どんな手段を用ゐても
弁償すると答へてあるけ

長雨のあとに、ああまたあたらしく死の黒い雲が湧きあがる。春の雲はあまい恋愛のように考えられていたというのに。

詩のなかで、いつも「わたくし」といっていた賢治が、ここではひらきなおるように「おれ」といっている。

ここにあげた「もうはたらくな」は、賢治が三十七歳で亡くなったあと、枕辺でみつかる手帳に書かれていた作品、「雨ニモマケズ」の後半と、裏と表のように、響きあっている。「雨ニモ」は、安定した諦感のなかにいる賢治。あきらかに本質をみとおすという意味での諦感。

ヒドリノトキハ
　ナミダヲナガシ
サムサノナツハ
　オロオロアルキ
ミンナニ
　デクノボート
ヨバレ
ホメラレモセズ
クニモサレズ
　サウイフ
モノニ
　　ワタシハ
　　ナリタイ
(ヒドリはヒデリの誤記だったのだろうといわれている)
　この諦感は、手帳のおなじ頁で「ワタシハナリタイ」につづいて書かれている、つぎの六行にしっかり支えられているのだろう。

　　南無無辺行菩薩
　　南無上行菩薩

南無多宝如来
南　無　妙　法　蓮　華　経
南無釈迦牟尼仏
南無浄行菩薩
南無安立行菩薩

賢治は日蓮にふかく傾倒していた。二十五歳のとき、突然上京して筆耕校正で自活、街頭で布教をするほどだった。これも日蓮にならっていたのだろう。妹トシの病気のしらせで盛岡に帰る。

賢治もトシと同様に結核を患っていた。三十七歳の昭和八年九月二十一日、喀血して容体は急変したが意識は明瞭だった。やがて、国訳妙法蓮華経を知己に頒布するよう遺言し、午後十一時三十分永眠する(宮沢清六編の年譜による)。

＊

宮沢賢治は中学一年のときから山が好きだった。特に夜から朝にかけての山。「東岩手火山」で、朝を待つ山のすべてを賢治はかたり、夜の山の景色に、つよく同調する自身の心象を表現したのだったが、それはそのあとの、光の到来による風景の激変を、予感させる内容となった。賢治は夜の山、朝の山の大きなちがいを体験として知っている詩人だった。それは多くの作品にあらわれている。例えば、童話作品の昼とはまったくちがった世界があらわれる「ポラーノの広場」や、木々が大声で話しかける「かしはばやしの夜」のように。
奥山にはいって、独りで体験する夜の山を知るひとは、山好きのうちにもほんとうに少ない。夜の山を知っていたひと、串田孫一の作品にも夜から朝の山がある。

「枯草の尾根から」。はじめの三十七行のあとに、

ゆっくりと休もう
疲れていなくとも
こうして少しは休むものだ
私は二十年前の春先に
丁度こんな姿で一夜を明かし
夜明け前に夏の星々が輝く下で
麵麴をかじりかじり
かじかむ手足を動かして
やがて藤色の層雲の彼方から
太陽が肩をいからせて昇るのを見た
よく覚えておくれ
これがお前に教えたい贅澤だ

そう、ひとりで迎える山の朝の体験こそ、この世のなにものにもかえられない贅沢。よく覚え

ておくれ、これがお前に教えたい贅沢だ。この贅沢を「ほんとうに鋼青の壮麗がふるえて私にやってくる」、と賢治はいった。

串田孫一には、三十七歳で亡くなった宮沢賢治をおくるにふさわしい詩が「たまたま」のこされている。

甘き死よ来れ

私は何処へ行くのでなくともよい
好きな赤いアネモネの咲いているところへも
小鳥たちの鳴いているところへも
私は行くのでなくともよい
甘き死よ
私をただあの泉の傍へ
あの時冷たい風がふいて
私の顔の映らなかったあの泉まで
ゆっくりと連れて行ってはくれないか
甘き死よ
私は多分ふるえているだろう
悲しい満足をかかえているために

私は細く目をひらいているだろう
いつも静かな影を見ているために
そしてもしかすると
何かを言いたげに
ほんの少し口をあいているかも知れない
甘き死よ
私に何も訊ねてくれるな
どんな苦しみも私は我慢するだろう
だがそれが去って
私がこの世のものでなくなる時
もう決して迷うことがないように
あの泉のほとりに坐らせてくれないか
私を清純な想いに向わせたこの泉を
もしや濁らせることのないように
かつての私がそうした通りに
その水に口をつけはしないだろう
何の想いも今はなく
私が多分白い着物を着て立ち上る時
甘き死よ

もうこの手を取ってくれなくともよい
霧の深い道を
一人で歩いて行けるだろう
真珠の粉がみどりいろに続いている道を
ゆっくりと歩き出すだろう
そうして歩きながら
もう何も分からなくなるだろう

霧の深い道、「黒板から降る白墨の粉のような暗く冷たい霧」ではなく、真珠の粉とみえる霧がみどりいろに続く道。

（作品の引用は『宮沢賢治全集』筑摩書房、串田孫一『遠い鐘の音』筑摩書房による）

あとがき

帯に「喜寿になっても山のぼり」といれたこの本に、昭和二十二年からの山行記録を加えることにして、古いノートを調べていくと、おもしろいことが次つぎにあらわれる。

どうしようもなく恥ずかしい字で書かれた一行から、ありありと当時が浮きあがる山のぼりがある一方で、まったくなにも覚えていない山のぼりがあらわれる。忘れてしまった山のぼりの代表は白山。一回目の白山行きは、かなりよく覚えていると思うけれど（砂防新道をのぼったが、上にゆくほど現在とはちがったコースを行った）、二回目以降となると特別だったときのほかは、まったく忘れてしまっている。忘れてしまった山のぼりは、記録に並べてよいのだろうかと思った。自分がほんとうに登ったかどうかも、証言できないのですからね。

それとくらべて、福井の山の道のないところは、すこし極端にいうと映像として覚えていた。特にひとりであるいた山。この映像からは、テレビの音声のように、その時どきの心の様子までがあらわれてくる。そのぞくぞくする迫真力はびっくりものだった。

ということで、最初の山の本『霧の谷』からこちら、よく思い出すことができる山のぼりを主題にして、山の文章を書くことにしてきたが、今度の本もその流れで進めることにした。今のところ、この方法が自分の登山をあらわすのにぴったりと思っている。それ以外に考えようがない。ときには昔語りが多くでてくるが、これは老人のくりごとというものだろう。

山と人との関わりの間には、思いがけないことが起きる時があって、それら多くの思いがけないことも、これまでの本で正直に文章としてきたが、山は、実に様ざまな出来事を私に課し、一方でことばにはつくすことのできない恵みを与えてくれたものと思っている。山なしの人生、思うだけでも寒くなる。

最近の山の紀行を集めたこの本に、昭和三十三年の山の記録がはいっているのは、はじめに書いたように、山の記録を調べていって、日記のような当時の文章に出合ったからだった。読んでゆくと、山の細部が、風の音までが、立ちあがって聞こえてくる。これはどうしたことだろうと思った。そこで文章はほぼそのままに載せている。

宮沢賢治については、全集を何回か読むうちに、賢治の心には「山」が、特に夜の山があった、という確信めいたものがうまれてきて、こちらも合わせることにした。

最後になりましたがナカニシヤ出版の社長中西健夫様、同社編集室の林達三様にはわがままをお聞き頂き、たいへんお世話になりました。ここに記して厚くお礼申しあげます。

それから山の仲間と、写真を頂いた早川博信さん、山田晴美さんに感謝します。

平成二十一年十一月吉日

増永　迪男

20日　上谷山
5月 4日　千見山城〜大宮山城(長野)
5日　大野田山城〜馬曲(まぐせ)山城(長野)
19日　箱ヶ岳山城〜後瀬山城(若狭)
6月 7日〜 8日　久住山1787m
7月24日　荒島岳
8月 9日　三ノ峰(剣ヶ岩まで、草刈り)
16日〜18日　涸沢〜北穂高岳3106m〜槍肩〜天狗原〜上高地
9月21日　行市山659.7m〜玄蕃尾城
10月12日　猿ヶ山城〜西山城〜森城　(長野県北安曇)
13日　塩島城(北安曇)〜不動山城〜金山城(新潟県)〜宮崎城(富山県)
11月16日　西近江山〜岩篭山
12月13日　丈競山
14日　大嵐山
23日　庄部谷山

2009年

1月12日　庄部谷山〜野坂岳
2月27日　吉坂保塁
4月 4日　マドノ谷(美浜町新庄北)702.4m
24日　湯湾岳695m(奄美大島)
5月 4日　唐松岳2696m
5日　小遠見山〜天狗岳〜サンアルピナスキー場
18日　牧山428.6m〜宝尾490.2m
23日　日野山(羽水高校放送部に協力)
6月 6日　桂島山
21日　白山(転法輪の窟、急雪渓に埋まっていた)
7月 4日　六本檜(草刈り)
8月 6日　三重岳(石田川ダムより)
9日　六本檜(草刈り)
15日　立山3015m〜劔沢
16日　劔岳2998m〜室堂
9月 3日　白山(転法輪の窟)
22日　室堂〜劔沢〜劔山荘
23日　劔山荘〜奥大日岳〜大日平〜稱名

5月 5日　小遠見山～天狗岳～三角点1685.2m～サンアルピナスキー場
7日　根小屋山城(新潟県根知)
21日　金草岳
25日　飯降山(カルチャーセンター登山教室)
28日　浄法寺山(扇沢)
6月11日　八飯744.0m(南越前町)
6月17日～18日　ホタルと駒ヶ岳(若狭)
21日　岩籠山　(カルチャーセンター登山教室)
25日　平家岳(日の谷)
7月 2日　赤兎山
15日　堂ヶ辻山(藤倉谷)
26日　三十三間山(カルチャーセンター登山教室)
8月 6日　武奈ヶ岳(六ッ石谷)
13日　針ノ木岳2821m(追悼登山、骨折)
9月26日　堀越峠～八ヶ峰～染ヶ谷
10月 9日　三十三間山～大日山750.9m
31日　串小川～雲谷山～矢筈山
11月 3日　夜叉ヶ池
26日　富士写ヶ岳941.9m(沢)
12月17日　大日山1368m
23日　板谷の頭1383m

2007年

1月 6日　大日山(小御影山)
13日　天増川(能登郷)
27日　カツラ山833.9m(御塩、途中まで)
2月 3日　カツラ山(三角点名は御塩)
2月18日　三十三間山～大日山～横渡
3月12日　永谷山
4月 1日　能登郷～県境尾根
5月13日　能登郷～大御影山
20日　姥ヶ岳
24日　小倉谷山(カルチャーセンター登山教室)
26日　大嵐山(沢)
6月 3日　浄法寺山(扇沢)
17日　尼来峠～頭巾山～横尾峠
20日　さざえヶ岳～西方ヶ岳(カルチャーセンター登山教室)
7月 1日　三ノ宿(沢)
18日　野坂岳(カルチャーセンター登山教室)
8月11日～12日　白馬岳2933m～杓子岳2812m～鑓ヶ岳2903m
19日　杉峠西(草刈り)
25日　六本檜(草刈り)
9月 9日　中宮山
10月 7日　小倉谷山～富士写ヶ岳(往復)
21日　高平山(東水上谷)
11月11日　白山(転法輪の窟、吹雪で見つからず)
18日　南畑山699.9m
12月 9日　取立山
16日　保月山1272.8m
24日　権現山

2008年

1月13日　丈競山
20日　徳平山
26日　唐木岳
2月11日　段の岳
28日　岩籠山
3月16日　赤坂山～三国山
30日　冠山
4月 6日　姥ヶ岳
13日　蘇洞門(山より往復)

11月 2日　刈込池(NHK登山)
9日　荒島岳
16日　新庄～野坂岳
30日　経ヶ岳
12月〃日　六本檜(スノーシュー試運転)
21日　油坂峠～県境西
28日　油坂峠～臼本山(縦走サポート)

2004年

1月 4日　高倉峠林道(縦走出迎え)
11日　油坂峠～臼本手前(＊)
18日　美濃俣丸
31日　ホノケ山
3月14日　武奈ヶ岳820m～三重岳(手前)
21日　大長山(遭難あとかたづけ)
28日　(保田)経ヶ岳764.9m
4月 4日　三周ヶ岳
12日　(保田)経ヶ岳
18日　赤樽山1143.3m
6月 4日　(保田)経ヶ岳
6日　(保田)経ヶ岳(福井新聞募集登山)
27日　小栗山722.9m
7月11日　竹田川水上谷～浄法寺山
8月15日　鬼ヶ岳(たいまつ登山)
21日　六本檜(草刈り)
23日～24日　小蓮華岳
9月19日　岩篭山(くちなし谷)
10月10日　中山(黒河)滝ヶ谷
31日　日野山
11月18日　水上谷～浄法寺山～大葉山～六本ざお～水上谷
12月12日　三頭山777.5m～大師山550.3m

2005年

1月16日　常神半島大平梅307m～ミアン217.1m
30日　取立山
2月13日　常神半島縦走
21日　常神半島クルビ村跡(＊)
3月20日　黒河866峰
4月10日　扇谷～浄法寺山～高平山
5月 1日　天草山～赤谷山
6月12日　岬屋敷371m～宮城376.1m～新坂425m～飯盛山
19日　高頭山746～ホノケ山
26日　岩谷山(黒谷左又より)
7月17日　雲谷山(今古川右)
8月 7日　皿川(越前甲、途中まで)
21日　雲谷山(今古川)
9月 4日　三国岳1209m(新の谷)
21日　日野山(カルチャーセンター登山教室)
25日　祝山705.3m～仙翁山
10月 8日～ 9日　六本檜～杉峠(草刈り)
16日　赤兎山(草刈り)
19日　祝山～仙翁山(カルチャーセンター登山教室)
11月 3日　みつまた山
20日　別山2399.4m
12月30日　岐阜・明神山　1141(手前まで、合宿隊サポート)

2006年

1月22日　一の谷226.9m(大島半島)
28日　皿谷山669.5m
2月 5日　湯谷山1275.9m(届かず)
11日　中村535.8m～堂本411.9m(若狭)
3月26日　桐ヶ平山～岳ヶ谷山
4月 9日　松鞍山
18日　岩谷山(上大納)
30日　多田ヶ岳～奥田縄618.2m

5月 3日　羽見谷(伊勢集落跡から＊)
12日　羽見谷～すげざわの池(夫婦ヶ池＊)
22日　日野山(お手伝い登山)
10月 5日　鬼ヶ岳(夜行登山＊)
24日　二ノ峰(夜明け前登山＊)
11月14日　八ヶ峰

2000年

1月29日　三頭山777.5m(＊)
3月26日　夜叉ヶ池
4月17日　久沢谷から1106m峰(＊)
5月 4日　大師山550.3m(＊)
13　日野山(お手伝い登山)
21　的坂峠(美山～大野)
29日～30日　岩籠山(頂上で一泊＊)
7月10日　黒河川～多田ヶ岳(夜の下山＊)
8月10日　小荒島岳(夜の下山＊)
10月15日　姥ヶ岳
11月 5日　権現山
12月 2日　冠山(夜明け前登山＊)

2001年

2月12日　大御影山(松屋より)
26日　南畑山699.9m(＊)
3月18日　金草岳
4月 1日　池ヶ原(＊)
6月17日　丈競山(記念登山)
8月 4日　針ノ木谷雪渓(追悼登山)
12日～13日　白山
9月28日　六本檜～杉峠(草刈り)
10月 8日　一乗城山(＊)
14日　一乗城山(公民館登山)
11月 4日　荒島岳(大だる登り勝原下り)

2002年

1月10日　さざえヶ岳(＊)
2月10日　青葉山(＊)
3月17日　亥向谷(経ヶ岳＊)
4月14日　経ヶ岳(北岳東尾根)
29日　屏風山途中(大ヒノキ捜し＊)
5月 6日　浄法寺山
9月25日　大谷山(美浜＊)
27日　刈込池(草刈り)
28日　六本檜～三ノ峰途中(草刈り)
10月12日　南安居城山202.2m(公民館登山)
19日　籾糠山1744.3m
11月10日　夫婦ヶ池
17日　大谷山～赤坂山
12月 9日　夜叉ヶ池～三周ヶ岳(＊)
14日　蛇鏡岳

2003年

1月26日　さざえヶ岳～西方ヶ岳
2月 2日　文殊山350.4m
9日　段の岳728.6m
3月 8日　高平山
23日　堂ヶ辻山
24日　鬼ヶ岳(NHK登山)
31日　三里山346m
4月 6日　御伊勢山
23日　屏風山(1180峰、大ヒノキ)
5月20日　藤倉山～鍋倉山516m
25日　藤倉山～鍋倉山(福井新聞募集登山)
6月 1日　藤倉山～鍋倉山(福井新聞募集登山)
7月 6日　かさばの谷～ツナギフシノヒノキ～三ノ峰
8月 3日　かさばの谷～ツナギフシノヒノキ
23日　六本檜(草刈り)
9月20日　鳩ヶ湯～たんど谷(草刈り)
10月12日　藤倉山(公民館登山)
19日　大谷山～赤坂山
27日　みつまた山(＊)

1993年

1月 2日　小栗山722.9m（＊）
2月21日　荒島岳
3月28日　金草岳
4月18日　姥ヶ岳
5月 9日　横平1093.5m
　16日　立岩1160.4m（＊）
　30日　越知山（講演登山）
6月 6日　荒島岳（清掃登山）
　27日　臼本山（九頭竜川、源調査行＊）
9月 5日　三ノ峰（草刈り）
　15日　赤兎山（草刈り）
　23日　刈込池（草刈り）

1994年

1月 2日　南名田646.5m～クマの谷657m（＊）
3月21日　浄法寺山（扇谷）～大葉山1056m（＊）
4月10日　能郷白山～杉谷山
　17日　飯盛山～若丸山（＊）
　24日　京都市大原～小浜市上根来（鯖街道）
5月22日　徳平山
6月26日　銚子ヶ峰1810.4m（ツナギフシノヒノキ）
7月 2日　根来坂（＊）
　24日　願教寺山～銚子ヶ峰（石徹白より登り縦走一周）
8月 6日　針ノ木谷（追悼登山）
9月15日　赤兎山（鳩ヶ湯より草刈り）
10月 2日　経ヶ岳～大舟山（草刈り）
　10日　小原ダム～烏岳～すのう谷（＊）
11月27日　和田山

1995年

3月　源平谷山949.6m～大河内山1280m
4月10日　平家岳（＊）
（岩谷586.3m、殿上山680m記載あるも月日不明）
9月10日　西大峰700.9m（三角点見つからず＊）
10月10日　藤倉山643.5m～鍋倉山516m（＊）
　15日　剣ヶ岳

1996年

4月17日　鷹取山454.1m
5月12日　吉野ヶ岳547.0m
　20日　白椿岳
　26日　越知山
7月 1日　西大峰（＊）
　20日　村国山238.9m（講演登山）
10月10日　双子池（横平山＊）

1997年

11月21日　つるたに山699.9m
　24日　波着山214.1m（朝倉城三の丸）

1998年

1月 5日　日野山（＊）
3月26日　荒島岳（東面撮影＊）
4月 5日　滝波山（＊）
　11日　ずき
　20日　すのう谷（烏岳＊）
　26日　池ヶ原（＊）
5月 4日　荒島谷（おおだる＊）
　9日　頭巾山～伯父ヶ谷（＊）
　15日　白椿岳～吉野ヶ岳（＊）
　21日　権現山（高倉峠＊）
6月 8日　大谷山（美浜＊）
　21日　中の水谷（屏風山＊）
7月23日　高倉谷（刈安山＊）
11月13日　大長山（日没にに合わせて頂上に出る＊）
　15日　美濃平家
　24日　赤樽山（夜明け前から登る＊）
　26日　赤樽山（夜明け前から登った＊）

1999年

4月 4日　日岸山1669m

倉山973m（＊）
9日　大山1128.4m～西山1359m（＊）
11月13日　夜叉ヶ池山～赤谷山801.4m（＊）
20日　赤谷山801.4m～鉢伏山761.8m

1989年

1月 2日　大立山（音海）～大山488.5m
22日　平生山705.6m
2月 5日　若須山562.4m～厨城山（＊）
3月26日　大谷山～高岳（常神＊）
4月16日　杓子岳（経ヶ岳）
5月 5日　能郷白山
28日　能郷白山（募集登山）
6月 4日　美濃平家（＊）
7月 2日　白山
30日　部子山（＊）
8月13日　経ヶ岳（食中毒となる＊）
9月17日　冠山（＊）
24日　頭巾山（＊）
10月 8日　六本檜～杉峠（草刈り）
11月 5日　三重岳974.1m（天増川から沢）

1990年

1月 7日　ガラガラ山417.8m
14日　夜叉ヶ池
2月 4日　西近江山739.7m
3月11日　野伏ヶ岳（中村より）
4月 1日　滝波山（＊）
15日　薙刀山1647.5m
22日　カラコ山662.2m～長洞515.7m
30日　西山
5月13日　和田山
20日　黒河あし谷866m峰～池の原湿原
27日　頭巾山
6月 6日　白椿岳
17日　大日ヶ岳1708.9m（募集登山）
8月19日　白山釈迦岳～大汝ヶ岳
9月16日　大舟山1431m（草刈り）
23日　中山（黒河）786.8m
10月21日　荒島岳（しもやま）
28日　荒島谷（大ダル）

1991年

1月 2日　甲掛山（神社まで）
3月24日　しょうつ山
4月14日　甲掛山～野木山343.6m（＊）
21日　野伏ヶ岳（ゼンクボの平）
5月12日　徳平山（＊）
19日　刈込池～荒島岳（＊）
6月 9日　寺月峠
16日　二の峰
23日　権現山1143.4m（＊）
8月15日　夜叉ヶ池～古池～三周ヶ岳1292.0m（＊）
9月15日　いなむら山646.6m～岳山（池ノ河内）441.5m（＊）
23日　赤兎山（草刈り）
10月 6日　岩篭山（募集登山）
26日　西方ヶ岳～さざえ岳685.5m

1992年

1月12日　浄法寺山（＊）
2月 9日　小河542.9m～刀根500.2m
3月 8日　縫ヶ原山～もっか谷山1120.1m
20日　荒谷山797.9m（＊）
4月15日　願教寺山（石徹白より＊）
29日　経ヶ岳～大舟山（＊）
5月 5日　和田山～平家岳
10日　徳平山
31日　さざえ岳～西方ヶ岳（募集登山）
6月 7日　経ヶ岳
9月 7日　姥ヶ岳（中腹まで、大ヒノキ）
11月16日　権現山

6月 9日　六呂谷山650.2m
16日　棚橋谷山～奥名田山464.7m
8月11日　モッカ谷1120.1m（＊）
9月 8日　廻池1202.8m（赤兎山近く＊）
15日　宇津井谷山1068.8m
22日　奥の塚1205.2m（鳩ヶ湯西）
10月13日　白山（大白川より室堂まで）
27日　白山釈迦岳2053m（募集登山）
11月17日　青葉山692m～多田ヶ岳712.0m

1986年

1月 3日　野坂岳913.5m～芦谷山～茅尾山
2月 9日　金粕山735.7m
23日　雲谷山786.6m～矢筈山459.9m
3月 9日　木無山（＊）
4月27日　ずき（初霜）
5月23日～25日　姥ヶ岳（今西錦司氏ほか）
6月 1日　西方ヶ岳764.1m～三十三間山842.3m
8日　赤坂山823.8m～三国山～岩篭山765.2m（＊）
8月 2日　別山2399.4m～二の峰～別山（＊）
9月 7日　八ヶ峰800.1m～飯盛山584.5m（＊）
14日　野田畑峠～三国岳（峠）775.9m（＊）
10月19日　鍋又山1200.6m
11月 2日　猿塚1221.4m～小河原山1013.0m（＊）
23日　杣山492.1m（＊）

1987年

1月 2日　白倉山（マタン）674.0m～黒峰455.8m
2月 1日　大小屋山734.0m
8日　棚倉山791.3m
15日　なべくら山414.6m
3月 8日　遠敷端の高748.3m（＊）
22日　水無山784.3m～経ヶ岳764.9m（＊）
4月 5日　剣ヶ岳～大仏寺山～仙翁山～祝山705.3m（＊）
11日　アラクラ1229m（＊）
5月17日　取立山
6月 7日　杉尾坂～永谷山811.4m（＊）
7月 5日　鍋ヶ谷山969.0m～倉の又山
12日　鷲ヶ岳769.1m～亀山～飯降山884.3m（＊）
8月29日～30日　屏風山（中の水谷）
9月27日　丈競山（はんの木谷）～浄法寺山（＊）
10月 4日　くせだに山　982、9（＊）
11月15日　和田山
22日　桂島山1173.3m

1988年

1月 2日　中尾島～高岳（常神半島＊）
24日　久須夜ヶ岳619.1m
31日　砥村山651.7m
2月14日　ホノケ山736.8m
21日　バンドー山～六所山698.3m～くらかけ山690.6m（＊）
3月13日　高平山1090m（＊）
5月 1日　一乗城山～白椿岳720m～一乗山（＊）
29日　白山
6月12日　杓子岳～浄法寺山（切り開き）
19日　駒ヶ岳～三国岳616.4m（＊）
26日　浄法寺山
7月31日　夜叉ヶ池山～三国岳（＊）
8月 5日　小蓮華山2790m
13日～14日　浄法寺山（県民体育大会）
21日　池ヶ原
9月18日　法恩寺山
10月 2日　ずき～日岸山1669m（途中まで）～高

26日～27日　西穂高独標～上高地（公民館登山）

1981年

2月28日　桐ヶ平山1218.2m（56豪雪の年、＊）
3月22日　荒島岳
7月12日　鮭ヶ洞1252.2m
24日～25日　白山
9月13日　日ヶ谷山～高尾山563.3m（丹生山地）
10月 4日　岩穴谷山1231.5m（＊）
18日　岩谷山1256.1m（＊）
11月22日　岳の谷山1182.2m（＊）

1982年

2月14日　取立山（スキー　＊）
3月 7日　高倉山1246.2m（面谷上　＊）
14日　徳平山1193.1m（＊）
21日　倉谷山1082.6m
4月 4日　越知山～烏帽子山（＊）
25日　大谷山1160.9m（＊）
5月 9日　細谷又山1189.9m
23日　倉の又山1215.6m～姥ヶ岳
30日　草間岳651.8m（＊）
7月14日～15日　刈込池（NHK）
9月12日　大嵐山1090.5m（＊）
26日　老谷山883.1m（＊）
10月10日　戸隠山1911m
31日　奥坪山1084.1m（＊）
11月 1日～ 2日　錫杖岳2168m（捜索）
28日　さざえヶ岳685.5m～杣山492.1m（＊）

1983年

3月 6日　山大納989.9m（＊）
4月10日　唐木岳738.1m
17日　赤樽山1143.3m（＊）
24日　中山1151.1m
5月 1日　小黒見山995.1m～天谷山（＊）
7日～ 8日　姥ヶ岳（今西錦司氏ほか）
6月 5日　杉谷山（＊）
12日　千石山682.4m
26日　天草山852.4m（＊）
7月 3日　野見ヶ岳～岩谷山708.9m～唐木岳
27日　白山
31日　大曽地山733.4m
8月28日　田畑山648.9m～古木743.9m～焼尾山517.8m
9月11日　刈安山1301.7m（高倉谷～小沢川）
10月 2日　小沢川
30日　段の岳728.6m

1984年

1月22日　細野848.1m（水無山となり）
3月 4日　庄部谷山856.4m（＊）
5月15日　倉の又山（＊）
6月24日　よろぐろ山1254.7m
7月22日　ずき（初霜）1294.8m（＊）
9月23日～24日　上高地～奥又白池、泊。明神岳～前穂高～岳沢～上高地（田辺健夫さん追悼登山）
10月28日　大嵐山　（＊）
11月18日　野々小屋山1065.7m（九頭竜湖北）

1985年

2月17日　あげはら山1020.7m（＊）
24日　仏原山934.6m
3月10日　臼本山1115.8m
24日　東鎌谷1022.3m（中島東＊）
4月24日　油坂峠、三坂峠（＊）
5月 5日　桃木峠、勝原城山、鎌坂峠（巣原峠＊）
19日　飯盛山1201.9m
26日　厨城山513.0m（今西錦司氏ほか）

5月 8日　火燈山800m～小倉谷山910.6m（だべ谷より、＊）
6月 5日　越山1129.3m（小沢より）
12日　白山（募集登山）
7月13日～14日　白馬岳2933m（募集登山）
8月15日　白馬岳大池
31日　針ノ木岳大雪渓（追悼登山）
9月23日　一乗山740.9m（今西錦司氏ほか）
24日　大仏寺山807.6m（今西錦司氏ほか）
25日　日野山
11月 3日　岩ヶ谷山1310.1m（田茂谷より）

1978年

1月15日　越知山612.6m（小川より＊）
2月11日～12日　上谷山～三国岳1209m～夜叉ヶ池～岩谷
3月 4日～ 5日　頭巾山871.0m
26日　三ノ宿1304.8m～油坂峠
4月22日～23日　野伏ヶ岳～願教寺山
30日　浄法寺山
5月 3日　矢良巣岳472.7m（今西錦司氏ほか）
4日　若丸山1285.7m（今西錦司氏ほか）
5日　木無山1328.6m（途中まで、今西錦司氏ほか）
14日　牛ノ谷峠～刈安山547.7m～水坪山～600m（＊）
21日　えらヶ岳545.5m（＊）
28日　大内峠～火燈山～小倉谷山～そのさきの鞍部
7月 2日　三国山876.3m
16日　白山
9月 3日　栃の木峠
10日　栃の木峠～北方向957
15日　尾股山923.7m
11月 3日　北の尾根からみつまた山
26日　尼来峠～尼公坂

1979年

1月14日　乗鞍岳865.6m～黒河峠
2月 4日　三方ヶ岳600m～小あてび岳498.5m
3月 4日　椿坂峠～柳ヶ瀬山439.5m
18日　美濃俣丸～笹ヶ峰
25日　宇斗股1126.4m～滝波山～美濃平家との鞍部
4月 8日　左門岳1233.6m～五現川1224.2m
5月 5日　平家岳～五現川
13日　蠅帽子峠～越山
6月10日　上谷山（途中まで）
7月 1日　大御影山950.1m～大谷山813.9m
15日　栃の木峠より南
22日　杉谷山1281.6m～徳山峠
8月 3日～ 5日　八ケ岳
9月 2日　県境1120m～徳山峠
16日　駒ヶ岳780.1m
10月 1日　小白山
14日　久沢川～県境1106m
28日　屏風山（御岳噴火）

1980年

2月17日～18日　上谷山（スキー、橋立～頂上～宇津尾）
3月29日～30日　中高1100.6m
4月13日　中高
20日　中高～蠅帽子嶺1037.3m（蠅帽子谷）
27日　火燈山～小倉谷山（今西錦司氏ほか）
5月 3日　小遠見山2009m～天狗岳1926.7m
11日　指尾（白山越前道）
18日　取立山（遭難碑巡り）
25日　浄法寺山（清水小場、清掃）
6月15日　木の芽峠（案内）
7月17日～18日　白山

所より）

3月　願教寺山1690.9m（中村より歩き往復）

8月 7日～11日　飯田市松川（菅克己君捜索）

1970年

7月　別山乗越（山岳部員劔岳遭難協力）

8月　越百山2613m南駒ヶ岳2841m（菅君追悼登山）

1971年

3月21日　赤兎山（中村、鳩ヶ湯　頂上　しょうつ山　中村）

1972年

1月　蛇鏡岳1121.3m（JRで朝日へ行き往復）

4月　美濃俣丸1253.8m

以下　1974年より記録あり

1974年

2月 9日～11日　経ヶ岳（冬山講習会）

3月 3日　道斉山1188.4m

21日　大長山1671.4m（ナイフリッジまで）

22日～25日　（双六岳での部員遭難のため協力）

4月 7日　笹ヶ峰1284.6m（二つ屋より歩く）

5月 5日　屏風山1354.2m（久沢から1106まで）

6日　滝波山1412.5m（沢より＊）

23日～26日　八ヶ岳（妻道子の捜索と遺体搬出）

6月　荒島岳（鬼谷・極楽谷、遺体搬出）

7月 6日～7日　八ヶ岳（黒百合ヒュッテ）

7月26日～27日　白山（サンフランシスコ・シェラクラブ一行案内）

9月 6日～ 7日　二の峰1962.3m（二の峰谷より）

10月 4日～ 5日　白山（サンフランシスコ・シェラクラブ一行案内）

1975年

2月16日　部子山（途中まで宝慶寺より）

3月 9日　銀杏峰～部子山（宝慶寺より）

16日　金草岳1227.1m（芋ヶ平より）

4月28日～29日　屏風山（久沢より1106まで）

6月 8日　鷲鞍岳1010.5m（山道開き）

15日　鷲鞍岳（山道開き）

7月18日　鷲鞍岳（山道開き）

8月16日～17日　鷲鞍岳（県民体育大会）

9月 7日　松鞍山1419.3m（池ヶ原より）

20日～21日　浄法寺山（清水小場、関谷地蔵建立）

10月19日　御伊勢山1286.5m（伊勢峠東から沢を登る。＊）

11月 2日　縫ヶ原山1317.0m（三坂谷より）

1976年

2月 7日　みつまた山1062.9m（岩谷より、＊）

3月 7日　上谷山1196.7m（広野より、＊）

14日　烏岳1476m～鉢伏山・1549～大長山（滝波ダムより一周）

21日　荒島岳（橋架谷より）

26日～29日　針ノ木岳2821m（篭川谷大雪渓、山岳部員の遭難救助と遺体搬出）

4月25日　堂ヶ辻山1205.5m（正ヶ谷）

6月13日　びわくら山1518m（三面より）

7月11日　夜叉ヶ池

8月 8日　針ノ木岳雪渓（追悼登山）

11月 3日　大日山1368m（皿川より）

6日～ 7日　東尋坊

1977年

2月11日～13日　荒島岳（冬山講習会）

3月13日　国見岳～金毘羅山624.6m（＊）

4月20日　越前甲（皿川）

17日　冠山736m、堂床山860m
19日　灰ヶ峰703m
23日　天応岩場から縦走
3月16日〜29日　白馬岳（合宿、半OBの立場、精鋭パーティは白馬主稜より登頂。この山行で広大山岳部卒業）
4月 7日　越前甲1319.6m（皿川より沢どうしで登る）
29日〜5月2日　薬師岳　2926（猪谷から土に行き、有峰ダム工事のトラックに便乗、真川峠から太郎山に登る。1日夕方登頂）
6月 8日〜 9日　天応岩場
7月17日〜21日　穂高岳（涸沢、山岳部員急増により、リーダーメンバー不足となって手助けに行く）
21日〜8月1日　北アルプス裏銀座尾根より上高地（山岳部女子部のつきそい。雲の平にもはいる）
8月16日〜20日　穂高岳（岳沢周辺）
9月21日〜24日　穂高岳から常念岳2857m（福井山の会、奥又から新雪のA沢を登り奥穂高岳、横尾で別れて一の俣谷より常念岳）
10月20日　六甲山
12月28日〜1958年1月7日　蝶ヶ岳2664m、奥又の池に登る。（合宿の山岳部員凍傷のため、横尾より沢渡まで二日がかりでスノーボートを引く）

1958年

1月11日〜12日　荒島岳（京福電車で大野まで行き、あとは歩き）
3月13日〜25日　北アルプス横断（本誌に掲載）
4月13日　天応岩場
7月　18日〜8月3日　劔岳（内蔵之助カールなど）

このあと1974年まで山の記録は中断する。記憶によってその間の主な山行きをあげれば、以下のようになるだろう。

年不明　5月　笠ヶ岳2898m
同　5月　劔岳（大窓　小窓　三の窓）
同　7月　劔岳（池の谷より）
同　8月　笠ヶ岳（三の沢）
同　8月　笠ヶ岳（第四尾根、二回）
同　9月　毛勝岳2414m、猫又山2378m

1961年

5月　富士山
11月　白山

1962年

9月　能郷白山1617.3m（白谷より）
10月　平家岳1441.5m（迫谷より）
不明　3月　銀杏峰1440.7m（しめき谷より）
同　3月　天谷山929m〜姥ヶ岳1453.6m
同　3月　毘沙門岳1385.5m
同　5月　野伏ヶ岳1674.3mと小白山1609.2m

1967年

6月14日〜8月21日　アフガニスタン、ヤジュン峰6024m（8月3日、舟橋明男　石田雅則登頂　5日同三峰5700m登頂）

1968年

1月　荒島岳（＊）
3月　早乙女岳2025m（登山研修所より）

1969年

3月　前大日岳1779m〜早乙女岳（登山研修

縦走(涸沢では5日間、北尾根、滝谷など。白馬からは祖母谷へ下山)

8月20日～21日　夜叉ヶ池(県民体育大会登山)

26日～28日　四国笹ヶ峰1860mと瓶ヶ森1897m

10月　2日～6日　穂高岳(横尾岩小屋をベースに、北穂高からジャンダルムを歩き、明神越えで下山、＊)

11月　7日～13日　北岳3192m間ノ岳3189m(荷上げ合宿、夜叉神峠を越えて荒川にはいる。北岳で台風に遭遇)

23日　天応岩場

1956年

1月　1日～　4日　白馬岳2933m(双子尾根、福井山の会、主稜線まではとどかず)

3月　2日～　7日　大山スキースクール(一般募集をして学校運営)

16日～25日　冷尾根から爺ヶ岳、鹿島槍ヶ岳合宿(23日C1のテント全焼で、計画は中断となる)

4月15日～16日　天応岩場

5月　3日～　6日　大山新人合宿

19日～20日　三倉岳(岩登り)

6月　2日～　3日　天応岩場(クラック、チムニー、吊り上げなど)

10日　鎌倉寺山

16日～17日　大峰山　1040

21日　天応岩場

30日～7月1日　天応岩場

7月　7日～　8日　天応岩場

17日～19日　白山(大白川へ下り、御母衣から国鉄バスで帰る)

21日～8月13日　劔岳合宿、縦走は槍ヶ岳へ、続いて北鎌尾根を登り、神岡に下る。(阿曽原から劔沢へ、三の窓にアタックキャンプを出して合宿。二日目に広島山岳会の遭難が起こり計画を中断、全員で遺体を平蔵谷よりおろす。合宿に戻ったところ、東大谷中尾根パーティの一人が骨折。救出は丸一日がかりとなった。翌日背負いでバスが来る弥陀ヶ原まで運ぶ。続いて上高地への縦走に出る。薬師岳を越えて黒部川にはいり、三俣蓮華岳から槍ヶ岳、上高地。一旦松本に出て大町から高瀬川にはいり、末端から北鎌尾根を登る。天井沢を下り千丈沢を登って双六谷を下り、森林軌道で神岡に出る)

9月18日～25日(キレットから北穂高に登り横尾岩小屋、大滝山を越えて下山＊)

10月　6日～12日　南岳3033m横尾尾根に荷上げ(涸沢から天狗のコルを通り上高地へ下山)

21日　御婆々宇山

11月　5日　白木山890m

18日～19日　天応岩場

25日～26日　深入山1153m

12月　2日　窓ヶ山

9日　天応岩場

16日～1957年1月1日　槍ヶ岳3180m(合宿、横尾尾根より登る(涸沢、奥又四郎沢の雪崩遭難救助のあと、計画を再開して登頂、帰り上高地より奈川渡まで歩く)

1957年

1月　3日～　7日　大山スキー合宿(松本からそのまま大山へ)

2月　2日～　3日　三倉岳

10日　大峰山＊

10日～11日　荒島岳
3月15日　法恩寺山(スキーツァー)
20日～22日　加越国境(スキーツァー)
4月12日　東尋坊(波が高く大池の上に近づくくらいで何もできなかった)
18日～19日　天応岩場
28日～29日　天応岩場
5月30日～31日　呉娑々宇山682m(ボッカ訓練、約八貫ずつ砂をかついで登る)
6月13日～14日　天応岩場
7月 5日～ 6日　呉婆々宇山(ボッカ訓練)
12日　東尋坊
15日～24日　劔岳合宿(阿曽原よりはいる、毎日の大雨で濡れたまま下山、称名滝は壮観のかぎりだった)
7月25日～26日　(白山募集登山)
8月 1日～ 2日　東尋坊
4日～11日　劔岳(福井山の会合宿、三の窓にベースをおき劔尾根上部を登る。帰りは一行と別れて劔沢から針の木雪渓まで、一日で歩いた)
22日　竹田川(釣りに行く)
10月29日～11月3日　大山1729m

1954年

1月 1日～ 5日　白山(途中まで)
3月12日～14日　白山(途中まで)
15日～24日　鹿島槍ヶ岳　2889(かんじんなところで風雪続きとなって五竜岳で終わる)
4月24日～25日　天応岩場
5月 1日～ 3日　三倉岳702m　岩登り
23日　高倉山(山岳部主催ピクニック、参加者少数)
29日～30日　天応岩場(屛風岩、ハイクラックなど)
6月12日～13日　天応岩場(Aルンゼ、チムニーなど)
7月 3日～ 4日　天応岩場
17日～18日　白山
7月23日～8月5日　劔岳合宿(前半は東大谷、八っ峰、後半は槍ヶ岳まで縦走して、徳本峠越えで島々へ下山)
8月21日～22日　白山(募集登山)
10月13日～14日　天応岩場
30日～11月2日　富士山3776m(福井山の会、八合目から氷を登る。ほかに人なし)
11月20日～24日　劔岳(粟巣野から夜歩いて、無人の称名小屋泊まり、翌日ラッセルで苦労して地獄泊まり、23日、別山乗越から9：45頂上。だれもいない立山と劔だった)

1955年

1月 1日～ 6日　大山スキー合宿
20日～23日　恐羅漢山1346m(スキーツァー)
3月 5日～ 6日　加越国境(スキーツァー)
15日～25日　劔岳(思いがけず大雨の後、つるつるの氷を登る)
4月16日～17日　天応岩場
29日～5月2日　八ヶ岳2899m(北八ヶ岳から南へ縦走)
5月14日～15日　三倉岳(岩登り)
6月12日　天応岩場(中央フェースに4パーティ)
25日～26日　東郷山977mと窓ヶ山712m(遠距離歩行)
7月16日～17日　白山(岩間尾根を下る)
20日～8月9日　穂高涸沢合宿と白馬岳への

歩く。

浄法寺山(道開きに参加、冠岳から次の峰まで鉈で切り開ける)

10月14日～15日　東尋坊(福井岳友会の岩登り練習に参加)　22日　浄法寺山(尾根からやぶこぎで登る)

28日～11月1日　鈴鹿連峰(第五回国民体育大会に参加)

11月23日　大仏寺山807.6m(永平寺より沢を登り沢を下って山王へ出た)

1951年

1月 2日～ 4日　荒島スキー場

14～ 5日　荒島スキー場

21日　六呂師スキー場

26～ 7日　荒島スキー場(展望台より滑る)

2月 4日　六呂師スキー場(県民体育大会スキー部門に参加)

24～ 5日　加越国境追悼スキーツァーに参加

4月 1日　国見岳

22日　浄法寺山

5月12～ 3日　荒島岳(修学旅行に行かずに山に行った)

20日　浄法寺山(扇谷、岳友会の人にリードしてもらった)

6月24日　丈競山1045m～浄法寺山(北丈競山の登りからやぶこぎで行く)

30日～ 7月 1日　刈込池(鳩ヶ湯泊まり)

7月21日～24日　白山(学校で募集をして案内登山をした)

28日～29日　金草岳1227.1m(秦健治、米沢又吉、中村義さんに連れられて田助谷より登る。帰りは今庄駅まで歩く)

8月 8日～16日　劔岳2998m(岳友会合宿に参加、二日早く入山して、ボッカとベース設営。八峰、頂上アレート、長治郎雪渓など。帰りは三の窓から仙人谷へ下山)

25日～26日　部子山(県民体育大会参加)

9月24日　浄法寺山(扇谷)

10月　荒島岳(京福電車大野駅より歩いて往復した)

14日～15日　浄法寺山(扇谷を登り、頂上から竹田川水上谷下り。時間がなくなって竹田小学校に泊まる)

11月18日　東尋坊岩登り

1952年

上野ヶ原スキー場

六呂師スキー場(県民体育大会参加)

3月　加越国境(追悼スキーツァー)

4月　広島大学山岳部入部

5月10日～11日　天応岩場

6月28日～29日　分水峡(ボッカトレーニング)

7月15日～30日　穂高岳合宿(縦走は燕岳まで)

8月 6日～12日　劔岳(池の谷合宿、福井山の会)

17日　浄法寺山(扇谷、初＊)

24日～25日　浄法寺山～丈競山(県民体育大会参加)

31日　東尋坊岩登り

9月 7日　東尋坊岩登り

10月19日　浄法寺山(扇谷)

11月 1日～ 4日　白山(ほかに登る人はいなかった)

9日　三段峡(大田川)

22日～23日　天応岩場

1953年

1月 1日～ 5日　赤兎山　1628.7m(福井山の会合宿)

増永迪男　山行記録

＊印は単独の山

1947年　旧制福井中学二年

5月　　六呂師原(ガスのなかだった)

6月　　剣ヶ岳799.5m(やぶこぎ初体験、頂上まで行けなかった)

8月 5日～ 8日　白山2702.2m　5日、勝山から市ノ瀬まで、谷峠をこえて歩く。　6日、市ノ瀬から室堂。　7日、頂上へ登り市ノ瀬。　8日、市ノ瀬から勝山(谷峠はほんとうに峠らしい峠だった。室堂での宿泊者は僕達だけであった)

9月　　冠岳838m(福井岳友会の人たちのあとになって登る。帰り九頭竜川を渡舟で渡り轟に出る、代金は一人2円だった)

1948年

5月　　国見岳656.1m(共学となって男女合わせて30人ほどで登った)

6月28日　福井大地震で家がつぶれる、このあと山に行けなかった。

1949年　乾徳高校一年　山岳部

5月 6日　日野山794.7m(三国の海が見えた、故加藤一雄さん参加)

29日　浄法寺山1053.0m、猪倉谷(初めての沢のぼり、加藤一雄さん、牧田繁さんらと行く、頂上まで行けなかった)

7月21日～23日　白山(勝山から乗り合いバスで市ノ瀬まで、白峰で乗り換えあり)

22日　室堂まで(超満員でねがえりもできないほどであった)

23日　頂上に登ってバスで勝山まで。

8月 1日～ 2日　部子山1464.6m(1日　上池田村下小畑の安達君の家に泊まる。　2日尾根のはてしないやぶこぎの結果、一時ごろお宮さんに着く。帰り、やぶこぎはいやになって、部子川に向かって沢を下る。時間がかかって道に出るころ薄暗くなっていた。安達君宅帰着9時10分、お父さんが捜索の人集めに家を出ようとするところだった)

日にち不明、　冠山1256.6m(頂上手前で終わる)15日～16日　竹田川上流

9月24日～25日　荒島岳1523.5m(第一回県民体育大会登山部門参加、大野から蕨生へ歩きキャンプ。故中村光氏の指導を受ける)　25日(頂上から槍ヶ岳が見えた)

1950年　この年福井岳友会にはいる

1月25日～28日　取立山1307.2m(遭難した中村光、加藤一雄、牧田繁さんの捜索と荼毘に参加)

5月　　取立山遭難碑建設参加(砂をかついで加越国境に登る)

6月　　浄法寺山(猪倉谷、今回も登れなかった)

7月24日～27日　白山　国鉄バスで上穴馬村朝日へ行き、石徹白まで歩き、神社下の川原にキャンプ。25日、三の峰手前まで、すごい夕立がくる。26日　室堂泊まり。27日　福井へ帰る。

8月14日～16日　上高地と乗鞍岳3026m

26日～27日　経ヶ岳1625.2m(県民体育大会参加)

浄法寺山(扇谷、雨になり途中で引き返す)

鳴鹿から近庄峠を越え竹田を通り丸岡まで

〈著者紹介〉

増永　迪男（ますなが　みちお）
1933年　福井市に生まれる。
1947年より福井の山に登り、今日に至る。

著書　『福井の山150』（ナカニシヤ出版）
『霧の森―ふくいの山・四季』（同上）
『霧の山―続ふくいの山・四季』（同上）
『霧の谷　Ⅰ』（北陸通信社）
『霧の谷　Ⅱ』（同上）
『日本海の見える山』（同上）
『取立山・しらやま考』（品川書店）
『風景との出合い』（福井新聞社）
『夜明けの霧の山』（同上）
『わが山・ふるさとの詩』（共著・同上）

所属　福井山岳会　　広島大学山の会

春夏秋冬　山のぼり

平成二十二年三月八日　初版第一刷発行

著　者　増永　迪男
発行者　中西　健夫
発行所　株式会社　ナカニシヤ出版
〒六〇六‐八一六一　京都市左京区一乗寺木ノ本町一五番地
電話(〇七五)七二三‐〇一一一
ファックス(〇七五)七二三‐〇〇九五
振替　〇一〇三〇‐〇‐一三一二八
URL　http://www.nakanishiya.co.jp/
e-mail　iihon-ippai@nakanishiya.co.jp

印刷所　ファインワークス
製本所　兼文堂
装丁・地図　竹内　康之

ISBN978-4-7795-0431-0 C0025